EOS区块链应用开发指南

虞家男◎编著

電子工業出版社
Publishing House of Electronics Industry
北京•BEIJING

内 容 简 介

EOS被称为区块链3.0，是下一代区块链技术，本书将向读者展示EOS区块链技术的众多概念和特性。全书共分为7章，分别是初识EOS、EOS的工作原理、开发工具和环境、编写智能合约、EOS RPC接口、创建和部署DApp、部署基于EOS的侧链等。

本书希望能够帮助开发者进入EOS的世界并比较容易地上手开发DApp。

图书在版编目（CIP）数据

EOS 区块链应用开发指南 / 虞家男编著. —北京：电子工业出版社，2019.1
ISBN 978-7-121-35072-6

Ⅰ. ①E… Ⅱ. ①虞… Ⅲ. ①电子商务－支付方式－程序设计－指南 Ⅳ. ①F713.361.3-62
②TP311.1-62

中国版本图书馆 CIP 数据核字(2018)第 218139 号

责任编辑：付　睿
印　　刷：北京京师印务有限公司
装　　订：北京京师印务有限公司
出版发行：电子工业出版社
　　　　　北京市海淀区万寿路 173 信箱　　邮编：100036
开　　本：720×1000　1/16　印张：16.5　　字数：227 千字
版　　次：2019 年 1 月第 1 版
印　　次：2019 年 12 月第 5 次印刷
定　　价：69.00 元

凡所购买电子工业出版社图书有缺损问题，请向购买书店调换。若书店售缺，请与本社发行部联系，联系及邮购电话：（010）88254888，88258888。

质量投诉请发邮件至 zlts@phei.com.cn，盗版侵权举报请发邮件至 dbqq@phei.com.cn。

本书咨询联系方式：010-51260888-819，faq@phei.com.cn。

前言

科技界的发展规律遵循“天下大势，分久必合，合久必分”，区块链世界的发展也许正得益于“分”这个大势。

从中心化的传统信息系统世界逐渐过渡到去中心化的区块链新世界，我们正有幸经历着一场从“合”到“分”的生产关系伟大变革。在这个过程中，区块链也在现有如 PoW、PoS 这些完全去中心化的共识方式的基础上，开始了一些从“分”到“合”的有益探索，就像 EOS 的 DPoS+BFT 这种去中心化与中心化相结合的共识模式一样。

在分分合合的大势下，EOS 主网正式上线。经历了比特币、以太坊两代区块链的发展，EOS 被称为区块链 3.0。

对开发者来说，应该怎样学习并进入 EOS 的世界？如何使用 EOS 开发 DApp？本书希望能够在这些问题上给还未进入区块链世界的开发者们提供一些帮助。

目录

第1章

初识 EOS

1.1 区块链操作系统

1.1.1 什么是 EOS

EOS 是 Block.One 公司正在研发的一个区块链底层公链系统，其目的是解决现有区块链应用性能低、安全性差、开发难度高以及过度依赖手续费的问题。基于 EOS，任何团队都可以以比较快的速度开发出所需要的 DApp（基于区块链的分布式应用），这些应用可以让普通人无须任何手续费（例如，以太坊的 Gas）就方便地使用，甚至很难感受到正在使用的是区块链应用。

1.1.2 EOS 要解决什么问题

目前的区块链技术缺乏使终端用户与开发者连接起来的能力，也缺乏建立大规模业务的技术。因此，Block.One 公司提出了 EOS，一种高性能以及自治的区块链，一个大规模的面向消费者的分布式应用操作系统。

EOS 的系统设计围绕解决目前阻碍分布式应用被广泛采用的一些主要问题展开。持有 EOS 代币的第三方分布式应用开发者可以在 EOS 上发布一个或多个应用。EOS 分布式应用的解决方案对开发者的吸引力在于其可扩展性，例如，在子链、侧链和跨链技术成熟后，EOS 每秒可以处理上达数百万笔交易并且无须用户支付交易手续费。EOS 的团队和合作伙伴都很强大，目前关于 EOS 的资料和研究团队越来越多。

1.1.3 EOS 的解决方案

1. 技术架构方面

通俗地讲，EOS 的技术架构就是可以实现现有任何高性能去中心化应用的基础架构，提供给开发者透明的网络带宽、计算资源、存储资源，并且对开发者友好。

我们可以把 EOS 看成一个去中心化的阿里云或者 AWS 生态。它的性能比以太坊（ETH）高许多倍，因此如果拿它做去中心化交易系统、社交网络、即时通信、预测平台等应用，都会有非常好的用户体验，Steem 和 BitShares 已经是其成功案例。ETH 虽然提出了分片和 PoS 的方案，但目前其扩容进度总体较慢，而 EOS 已经上线的主网的 TPS（代表系统处理能力的性能指标，即每秒处理交易数）最高可达 2000 多（作者完稿时）。

2. 经济模型方面

经济模型对于区块链很重要的原因有如下两个。

第一，区块链为了避免网络攻击每次交易需要收取 Gas 或者手续费。

第二，经济模型作为 Token 价值的载体，在整个系统的激励机制中扮演着重要角色。

Gas 费用的存在，导致很多小白用户使用区块链应用的门槛很高。试想注册需要发起一个交易，发帖、点赞、删除也需要，并且使用之前还要给 ETH 充值。这不符合目前绝大多数用户的互联网免费思维（即用户认为互联网上的产品可以免费使用），而 EOS 平台从机制上支持用户完全免费使用，在初始时可以由应用开发者为用户抵押资源。拥有的代币是一种权益证明，证明你能够使用多少资源。从商业逻辑上看，EOS 支持“B 端收取服务费，C 端免费”的模式。

3. 应用开发方面

EOS 的超高性能可以承载数量众多的 DApp 应用，所以我们可以预见，EOS 将成为可以孵化出众多独角兽项目的超级独角兽平台。

EOS 为什么那么快呢？核心原因是它使用了 DPoS 共识机制，ETH 全网的节点都参与生产或验证区块，而 EOS 只有 21 个超级节点，因此 EOS 可以更快地达成一致、生产区块。

这些 EOS 超级节点都是经过社区投票选择出来的，为了保持自己处在投票前列，这些超级节点会投入巨大的成本来升级硬件配置，随着 EOS 超级节点的逐步竞争和升级，不久的将来它们都会成为一个个超级数据中心。而同时，成为超级节点所获得的代币奖励也非常丰厚，并会随着 EOS 生态的发展进一步增值。

EOS 的另一个特点是，具有比较好的标准化和封装。作为区块链中的底层公链系统，就像手机的 Android 系统或 iOS 系统，开发者在 EOS 上开发出一款应用，普通用户就可以直接使用，而不需要安装其他辅助性软件。

我们可以把 EOS 类比成微信，微信为用户提供了账户、支付系统、朋友圈等各种基础设施，然后由开发商在上面直接开发一些小程序，所有的微信用户就都可以使用了。在 EOS 上，开发商开发的是 DApp 应用，而且与微信不同的地方是，EOS 网络并不受某个公司的控制，它属于整个 EOS 社区的用户。

1.1.4 EOS 的生态发展需要哪些支持

EOS 的生态发展需要三个方面的支持：用户、开发者和超级节点，并在他们的互相作用下发展壮大。

1. 如何满足用户

对普通用户来说，选择 DApp 应用时的基础需求是用户体验好、免费、安全、可靠。

EOS 针对基础需求的解决方案如下。

（1）秒级事务处理

所谓秒级事务处理，最简单的例子就是，你在 EOS 网络上转账，只需要 1s 就到账了。

不同数字货币的每秒交易处理峰值或者 TPS 不同，比特币是最少的，每秒最多可处理 7 笔交易，以太坊每秒 15 笔，以太坊用户应该都经历过以太坊网络拥堵的时候，一笔转账交易需要接近半天才能到账。

而 EOS 的终极目标是每秒处理上百万个请求（通过子链和侧链实现）。

（2）支持免费使用模型

使用基于 EOS 开发的 DApp，用户并不需要支付任何转账费用、交易费用。

EOS 免费的实现逻辑主要有两种。第一种是抵押机制，这种机制类似于游戏中的回血机制，当你在短时间内大量使用资源时，你的血槽会耗尽，但过一段时间后，你又可以恢复使用资源，而且这种恢复是免费的。第二种是代理机制，由别人来承担用户的系统资源费用，而这个别人可以是服务平台，这种实现逻辑和现在的互联网模式很像。

（3）安全、可靠

由于 EOS 的 DPoS 共识机制，EOS 代码的更新和修改都是比较容易的，只要获得超过 15 个超级节点的同意，EOS 就可以快速地对某个出现的安全问题进行处理，而不会像其他公链那样出现分叉、重大智能合约漏洞无法修复等问题。

基于以上的解决方案，EOS 的用户可以低门槛地使用上面的 DApp 应用，这些也是开发者最关心的问题，因为谁都不想辛辛苦苦开发的 DApp 没有用户使用。

2. 如何吸引 DApp 开发者

对于 DApp 开发者，当考虑使用哪条公链开发 DApp 时，主要考虑的问题包括：能否实现想要的功能？公链的设计对开发者是否友好？公链本身是否自带流量？下面针对这些问题进行解答。

（1）能否实现想要的功能

EOS 本身是一个开源代码库，代码研发完成后，通过 EOS 社区启动这条公链，开发者可基于这条公链部署自己的 DApp。

EOS 目前已经能够提供一些基础功能，如提供账户、身份验证、数据库、智能合约的开发和部署等。而未来 EOS 的子链和侧链将为 DApp 带来持续可伸缩性和可靠的高性能基础服务。

EOS 的基础架构基于 BM（Dan Larimer，EOS 之父）之前设计的 BitShares、Steem，两者都已经正常运行几年，而在它们的基础上开发的 EOS 则更加稳定和强大。

（2）是否对开发者友好

EOS 可以帮助开发者迅速实现以下这些需求。

- 更灵活和简单的权限控制。
- 可以升级的智能合约。
- 允许开发者指定某些消息必须等待至少一段时间后才能被应用到一个块中，在此期间，消息可以被取消。比如，买房支付时可以延迟 72 小时确认到账，给买家缓冲时间。
- EOS 提供开放的 RPC 标准接口，供 Web 程序调用。任何具有基本 Web 开发经验的人都可以比较轻松地通过 EOS RPC API 进行 DApp 开发。
- 资源免费。

在 ETH 的架构下，开发者每运行一次程序占用的带宽都需要付出 Gas，随着 ETH 代币价格的水涨船高，Gas 费用也越来越高。

在 EOS 的整体架构中，只要开发者账户中有 EOS 代币，即可享受公链的计算资源、带宽资源。这些资源是可恢复的，不过存储资源除外，因为内存是需要购买的，如果之后不需要这些存储资源了，开发者可以销毁这些资源占用的空间，将释放的内存卖掉。

开发者所持有的 EOS 代币并不会像 ETH 的 Gas 一样被消耗掉，这也就意味着，基于 EOS 使用 CPU 和带宽资源相当于免费。

当然，因为 EOS 系统刚刚上线不久，所以也存在一些问题，比如，目前 EOS 的智能合约使用 C++开发，这对于一些开发者来说可能会有门槛，EOS 社区正在继续开发以支持其他语言。另外，目前 EOS 主网的内存费用较高，这也在一定程度上影响了 DApp 的开发成本，不过随着 EOS 逐步升级，这些问题应该都会得到解决。

（3）公链本身有没有用户基础

在主流的公链项目中，EOS 生态不管在关注度、用户数上都占据优势。

有 EOS 用户生态的流量作为基础，前期进入的开发者会获得足够多的关注，获得大量低成本的种子用户。

（4）开发者生态和投资

Block.One 承诺，将成立 EOS VC 并在 EOS 的生态项目上投资数十亿美元，做成 EOS 生态系统基金，通过基金会投资更多的开发者，并在全球举办多场 EOS 黑客马拉松。

EOS 黑客马拉松目前正在全球多个城市举办，有兴趣参与的读者可以进入其官网了解。

3. 如何保证系统的“安全、稳定”

超级节点的参与是 EOS 系统能够“安全、稳定”的关键。

安全、稳定的具体表现如下。

（1）用户想参与就参与，不被任何机构裹胁。

（2）网络不会因为出现单点故障而导致全局故障。

（3）在遭受大规模攻击的情况下，网络可复原。

区块链的治理机制，本质上是在“去中心化”和“效率”中间寻找平衡点。去中心化的本质是为了信任，避免“中心节点”作恶影响整个系统，进一步导致单点故障影响全网络。

若单纯地看去中心化，比特币的 PoW 共识机制一枝独秀，但其转账速度慢是众所周知的。EOS 想要达到的目标是效率高，同时又安全、稳定，因此可以说，EOS 的“DPoS 共识机制”在试图找到其中的平衡点。

因为超级节点的奖励机制，所以所有节点参与者的利益、所有 EOS 用户的利益和整个 EOS 系统的“安全、稳定”是绑定在一起的，DPoS 共识机制正是依靠这种经济博弈机制让系统自动找到那个平衡点的。

通过 DPoS 共识机制，EOS 系统筛选出那些能给整个系统提供最好支持的超级节点作为出块和验证者，保证整个网络的安全、稳定。

1.2 EOS 开发团队

EOS 的创始团队于 2017 年成立 Block.One 公司，主要由 Dan Larimer、Brendan Blumer、Brock Pierce、Ian Grigg 等组成。

“EOS 之父”Dan Larimer（BM）建立了 BitShares 和 Steem，这两种均是市值排名前 50 的虚拟货币，非常成功，而 BM 被广泛地认为是一位有远见的程序员，是区块链技术 Graphene（石墨烯）的核心开发者。

1. Block.One 公司 CTO——“EOS 之父”Dan Larimer（BM）

Dan Larimer，也就是江湖传闻中的 BM（ByteMaster），他可能是目前世界上唯一一个连续成功开发了 3 个基于区块链技术的去中心化系统（BitShares、Steem 和 EOS）的人。

Dan 是一名程序员，他在生活中坚信自己的使命是“找到自由市场的解决方案来保护所有人的生命、自由和财产安全”。而这也是 EOS 项目所追求的最高境界，即“建立一种去中心化的社会，人们身处其间，确保彼此的生命、自由和财产不受侵犯！”

BM 创立 EOS 的初衷和愿景，也是区块链发展的最高境界——建立一个适合人类生存的、安全的区块链社会！

BM 比较有争议的地方是，他先后离开了自己创建的项目，包括 BitShares 和 Steem。BM 最近接受采访，主持人问他：“你做了 BitShares、Steem，再做 EOS，那你会不会放弃 EOS 做其他项目？”他回答，EOS 其实是前面两个项目的抽象，可以帮助其他人在其上做出类似 Steem 的项目，如果说自己将来要离开，那么下一个项目也是在 EOS 上开发应用，其实做 EOS 也是在为自己将来要做的事情打基础。就像中本聪离开比特币，后来 BM 离开 BitShares 和 Steem，创始人离开有时候正是一个项目社区成熟的标志。

2. Block.One 公司 CEO——Brendan Blumer

Brendan 是一个连续成功的创业者。2005 年，Brendan 到香港发展，期间，他极大地推动了 IGE 业务的增长，其营业部使公司年利润超过 500 万美元。两年后，Brendan 创立了 Accounts.net，这是全球最大的游戏账户买卖平台。后来的几年，Brendan 成立了香港房地产企业软件公司 Okay.com

和科技发展平台 ii5。

3. Block.One 公司合伙人——Brock Pierce

Brock Pierce 是比特币基金会（Bitcoin Foundation）的董事会主席，他有过多种迥异的身份，包括儿童演员、《魔兽世界》职业玩家、川普顾问等。与 Brendan 一样，Brock 也是从游戏行业起家的，从起初进行游戏币的交易，到后来创建游戏媒体公司 ZAM（该公司在 2012 年 1 月被腾讯收购）。

与 BM 很相似，Brock Pierce 也是一个非常有抱负、有思想的人，他致力于打造慈善类区块链。他曾表示，打算用自己的 10 亿美元创造一个名为“ONE”的慈善代币（如果你把 MY 从 MONEY 中移除，就会只剩下 ONE）。加拿大服饰公司 Nygard 创始人的后裔、加密数字货币投资者 Kai Nygard 这样形容 Brock Pierce：“他关注的是更高的使命，他超越了金钱。”

Dan Larimer（BM）和 Brock Pierce 具有基本相同的理想和抱负，都希望能够为人类社会的进步发挥自己应有的作用。前者致力于打造一种去中心化的社会，人们身处其间，确保彼此的生命、自由和财产不受侵犯；而后者也已经超越了金钱，一心致力于慈善事业，想创立慈善代币，造福人类。具有如此思想境界的两个人合作，能擦出什么样的火花？能在人类文明史上留下何种印记？让我们拭目以待。

而 Brendan 和 Brock 除了创业领域都集中在游戏和加密数字货币上，他俩的经历还有相同之处——与中国社区渊源深厚。Brendan 从 18 岁起来到香港，到现在已经待了 13 年，其创建公司的服务对象大部分为亚洲客户；Brock 也在 2002 年开始活跃于香港和上海，并资助了游戏玩家 Sky，助力其成为首位获得 WCG 大赛冠军的华人。

4. Block.One 公司合伙人——Ian Grigg

Ian Grigg 是李嘉图合约（Ricardian Contract）的发明人，三式记账法共同发明人。三式记账法是区块链的基础，而 EOS 的智能合约中也用到了李嘉图合约，所以 Ian 的实力和对于 EOS 的价值不言而喻。

1.3 EOS 基础名词解释

1.3.1 区块链

对于那些刚接触加密数字货币和区块链技术的人来说，最重要的是准确地理解什么是区块链。从本质上看，区块链是一个去中心化的系统，其核心是一个公共的数字账本。账本主要用记账的方式来描述系统当前状况（例如，每个账户持有多少加密数字货币）。除了这个公共账本，区块链技术还包含了一种共识机制，它决定了去中心化的网络（例如，由运行在区块链上的电脑组成的网络）如何在公共账本中更新当前的状态。

1.3.2 比特币

比特币（BTC）是基于去中心化信用的且具有稀缺性的商品。去中心化信用，本质上是由所谓的账务公开决定的，只要你想，你可以追溯每笔钱从诞生至到你手里的所有过程。在由初始设定保证了稀缺性的前提下，由密码学实现了绝对的个人权利。比特币极端地保护个人权益，没有人可以从你的账户不经过许可地划拨任何一个比特币；比特币不可通胀，没有人可以用任何手段从你手里获得一丝一毫的价值；比特币永远不会丢失，它永远在万千网络的某一个比特里，等待有相应权力的人拿着他的钥匙过来。

比特币代表着存放资产没有摩擦成本，只要网络在，资产就永远在。比特币另外的身份是这个价值网络的分红权，这个网络有多少价值，比特币自然而然地就拥有这么多权益，比特币永远不能被伪造，能伪造的从来就不是比特币。

比特币是近乎完美的数字货币。我们甚至可以在极端情况下这样理解，比特币可以适用于所有的经济体系，而其他通证都是针对某个具体场景的数字代币。

比特币同时也是一个区块链应用。我们这里对区块链技术加上一个冒昧的定义，区块链技术是人类在技术上排除时间之外，重新定义了不可变性。区块链和数据库的区别在于，区块链上数据的不可变性是默认的，可变性是可选择的，而这点和数据库是相反的。区块链可以给特定数据维度加上可追溯的时间维度。

1.3.3 以太坊

以太坊（Ethereum/ETH）试图用区块链实现一台“永不停止的世界电脑”来执行智能合约。

以太坊其实解决了两个问题，一个是 BTC Script 的完善，另一个是脚本可以更改本地其他存储状态。在 F(tx,state,localstate) -> state, localstate 中，localstate 与 Gas 相关，想让智能合约运行起来，每次都要销毁一定的 Gas，这从经济上来说，是有成本的，所以即使你在以太坊智能合约代码中编写了一个无限循环，智能合约也不会无限制地运行下去，一旦到达 Gas 上限，智能合约便会报错并结束。

以太坊把地址分为两类，普通地址和智能合约地址。以太坊转币到地址，便会触发对当前地址的检查，如果当前地址是有智能合约的，则会根据 data 参数执行智能合约。

以太坊的运行模式是通过广播交易进行全网分发的，相当于所有的 ETH 全节点都会执行这个智能合约，具体是谁执行完成的，则依赖一致性协议反向判断。ETH 智能合约和 BTC 比较大的不同点在于，其智能合约地址上是可以存储代币资源的。另外，对以太坊本身来说，可以存储结构化的其他相关信息。

任何一个 Token，都是 ETH 上的智能合约。现在以太坊的 Token 会被要求遵守 ERC20，ERC20 实际上就是智能合约编程的接口，你若实现了这些功能，那么你就可以被认为是一个以太坊 Token。

以太坊的问题在于资源隔离。之前曾经有 DDoS 攻击以太坊网络的事情发生，原因也在于此。更抽象地说，以太坊就是一条跑着许多代币和智能合约的链，任何智能合约的执行都是在竞争同一计算资源。

除此之外，ETH 对于 Token 来说是非常成熟的，但是 ETH 目前还很难支撑起成熟的 DApp，其原因如下。

一、基础设施不完善。基于以太坊智能合约去创建 DApp 的业务，实际上成本还是相当高的，开发和实现任何实际业务的难度都是创建 Token 的 10 倍以上。

二、资源的竞争，不考虑现有执行效率的问题，在 ETH 解决资源隔离问题之前，DApp 是无法运行的，某一个 DApp 的爆发会造成整条链的拥堵，导致其他 DApp 受到影响。打个比方就是，淘宝流量增大之后，腾讯的所有服务都不可用了，这对 DApp 的服务商来说是不可控的，也是不可接受的。

三、ETH 是基于状态的系统，基于状态的系统实际上就是要有非常多的锁去做竞态限制，以太坊目前的设计很难充分利用机器资源。

1.3.4 智能合约

如果把区块链想象成 iPhone，智能合约就是 iPhone 的自带应用，其在一定程度上扩展了宿主的能力。

智能合约能够以透明的方式促成货币或财产的转移和交换，同时避免了中间人的服务。

智能合约还规定了协议中涉及的所有义务和潜在的惩罚方式，就像传统的合同一样，不过智能合约平台会自动强制执行所有的这些义务和惩罚。智能合约平台实际上允许去中心化应用程序直接在网络上运行，而非在某台特定服务器上运行。

交易其实本身就是目前使用最广的智能合约。而分发代币的智能合约只做一件事，即给特定区块链资产赋予自由且自动兑换链上权益证明的能力。至于权益证明的兑换过程，没必要且暂时无法上链，链只需记录权益能否兑现，市场会给予权益合适的估值。

以太坊是目前为止最大、最成功的智能合约平台，但是 EOS 将解决以太坊网络面临的诸多挑战。

关于智能合约还有一段有趣的历史，一位名为 Nick Szabo 的密码学家在 1994 年发现，一个去中心化的账本系统可以被用来执行智能合约（也被称为自执行智能合约）。Szabo 先生实际上创造了“智能合约”这一词语，其目标是将合同法的实践整合到陌生人通过互联网进行电子商务协议的设计当中。

1.3.5　DApp 去中心化应用

DApp 就是前端界面加智能合约，前端界面和用户交互，智能合约和区块链交互。

一个好的 DApp 公链需要具备两个条件，分别介绍如下。

一个条件是要有足够支撑起数据存储的部分。毕竟任何一个 DApp 除了区块信息，还会有大量的领域信息和数据。为了保证智能合约的可靠性，与智能合约相关的内容都是要上链的。但是如果所有信息都上链，那必然会导致区块膨胀。

另一个条件是处理能力的合理分配。实际上，每个智能合约的处理能力都依托于区块链，在这个角度上，每个 DApp 都会是链的性能杀手，而链上的资源始终是有限而且昂贵的。

EOS 不是针对智能合约平台设计的，其目标是成为 DApp 平台。关于资源分配，EOS 实际上依靠代币对 DApp 进行资源隔离，触发智能合约的计算资源由 DApp 持有的代币决定，这样从本质上就隔离了所有的 DApp，防止了资源竞争和恶意的 DDoS 攻击。这样就把一个技术问题转化成了一个经济问题。

EOS 预设 DApp 的一些基础框架，其智能合约本身要求用 C++编写，之后编译成 WebAssembly 文件，部署在区块链上解释运行。与 Solidity 目前的设计相比，EOS 的设计可能灵活性稍差，但是从之后的智能合约大小和执行效率上来说，其更占优势。这也是 EOS 为了满足上面提到的两个条件做出的权衡。

BTC 带来了智能合约的雏形，ETH 真正带来了智能合约的爆发，而 EOS

将带来 DApp 的爆发。

1.3.6 共识机制

共识机制是区块链对于出块、验证、奖励等规则的约定，一般包括 PoW、PoS、DPoS、PBFT 等共识机制，EOS 使用的是 DPoS 共识机制，在后面的章节中会展开讨论。

1.3.7 出块时间

区块链的出块时间决定了链上交易确认时间和区块大小。

比特币的出块时间是 10min，最终确认的话可能要等出两三个到六个块，这样就可能变成经过 60min 才能确认已经到账。而在以太坊做运行环境的情况下，出块时间会缩短，以太坊的出块时间大约是 15s。

在 BitShares 的石墨烯框架中，默认的出块时间是 0.5s。EOS 因为使用与 BitShares 一样的 DPoS 共识机制，所以出块时间也是 0.5s。

另外，区块链的区块大小是有限制的，通过出块时间，我们限制了每个区块的大小。

1.3.8 IPFS

IPFS 是一种去中心化的文件存储协议，基于该协议可以通过去中心化的方式实现一个文件存储网络。

根据 EOS 白皮书的介绍，EOS 将来会内置一个 IPFS 标准的文件系统。IPFS 与 EOS 的结合可以实现很多有用的应用场景，下面分别进行介绍。

1. 区块数据存储

EOS 的交易量非常大，而且 0.5s 会产生一个区块的数据。如果所有数据全部记录在主链上，那么将会产生非常巨大的数据量。通过 IPFS 可以极大地降低主链本身的数据存储成本。

2. 前端页面存储

DApp 在用户访问前端时需要静态的页面分发服务，比如在以太坊上拍卖一个加密猫，它的前端文件目前是中心化的。通过把这些前端程序或者网站前端放到基于 IPFS 的文件存储上，可以实现 Web 服务的去中心化和低成本。可以想象，未来在 EOS 上开发应用将不需要购买云服务器，也不用考虑需要哪种主机、什么 CPU、多大内存和硬盘，以及装什么系统、如何启动 Apache，DApp 开发者只需要将前端代码部署到 IPFS，将后端业务逻辑的智能合约部署到 EOS 链上即可，而且只要抵押了 EOS 代币，这一切都是免费的。

3. 媒体内容存储

如果我们要在 EOS 上做一个类似 YouTube 的 DApp，那么我们可以将账户系统和付费系统放在 EOS 链上，将前端页面和视频文件全部放到 IPFS 上。通过这个架构，整个付费系统的模型是非常容易实现的，我们可以预见这种 DApp 服务应该很快会到来。

4. 文件交易

在互联网时代所有文件都是通过复制的形式传播的，这其实也降低了文件本身的价值，另外造成了盗版横行的现象。如果我们通过 EOS 实现一个文件交易 DApp，那么所有文件便可以通过 IPFS 存储，并用密钥加密，而通过修改密钥可实现链上的产权转移，以达到文件交易的目的。最终区块链必将带来价值互联网时代。

1.4 EOS 系统的特点

1.4.1 设计理念

EOS 与以太坊网络的一个关键区别在于背后的设计理念不同。以太坊的核心设计理念之一是，对所有潜在应用都表现中立。这正如 GitHub 上以太坊的设计原理文档中所述的：以太坊“没有特性”，拒绝内置“甚至是极为常见的高级用例作为协议的内在部分”。这种基本原理降低了应用程序的臃肿程度，但依然要求许多不同的应用程序进行代码重用。而如果平台本身能够提供更多的常用功能，那么必然可以帮助应用程序开发者提升效率。但这种开放性，也导致了类似 Parity 多重签名钱包的重大安全问题。从这个角度来讲，以太坊很像区块链世界的 Android 系统。

不同于以太坊的设计理念，EOS 意识到许多不同的应用程序需要一些相同类型的功能，并竭力提供这些功能的实现方法，例如，许多应用程序所需的加密和应用/区块链通信工具。基于这样的理念，EOS 系统内置了如下特性：基于角色的权限管理、用于界面开发的 RPC 自描述接口、自描述数据库体系，还有一个声明式的许可方案。EOS 提供的这些功能对于简化用户账户生成和管理以及防范安全问题（类似声明权限和账户恢复）将特别有效。

EOS 的系统设计有以下几个特点，分别进行介绍。

1. 标准化

（1）提供标准化账户、文件命名方法、权限体系。

（2）拥有标准化的资源使用规则、规范。

（3）提供标准化的社区治理“宪法”。

而且，这一切都以代码这种最标准化、数字化的方式写在系统底层协议里了。EOS 启动时用代码的形式移除超级权限，并通过多重签名算法将权限移交到由所有用户选出的 21 个超级节点手中。EOS 用逻辑程序代码的形式，实现了最彻底的标准化，最大限度地去除了人为因素。

2. 强扩展性

EOS 可实现侧链扩展和跨链通信，支持并行处理，这也是实现其白皮书中所描述的百万级 TPS 的核心逻辑和基础。正因为跨链通信和高 TPS，它的生态可容纳更大数量的各类应用并发运行，可扩展性极大地增强了。

3. 层次结构

基本的 I/O 底层规则 > 社区治理结构 > EOS 通证经济 > 链上应用生态 > 整体投资布局，EOS 构成了完整的区块链公链生态运转层次结构。

4. 有序性

在各层次上，都有明晰的“宪法”、规则和共识机制保证运转，实现了统一的开发、参与、生态协同，形成了更高层次的有序作业。

所以，如果以太坊是区块链世界的 Android 系统，那么 EOS 就是区块链世界的 iOS 系统。

1.4.2 功能特性

从功能上看，EOS 做了很多之前的公链未能实现的特性，分别进行如下介绍。

1. 高并发

以太坊仅仅因为以太猫一个应用引起的高并发转账，就导致了网络几乎瘫痪，各大交易所不得不禁止提币来缓解网络堵塞。而 EOS 会采用 BitShares 之前开发的闪电网络，其目标是每秒处理上百万笔交易。

2. 免费使用

这个免费其实也是相对于以太坊来说的，以太坊上运行的每一行代码都是要“烧”Gas 的，这点对于早期用户来说很不友好。而 EOS 的方案是让企业来承担费用，从而降低了用户进入的门槛。

3. 智能合约可升级

以太坊的每一次代码升级都异常麻烦，类比一下就像 iOS 的 App 每次升级都要去苹果商店审核，你说烦不烦？EOS 可以让发版更容易，就像《王者荣耀》一样，打开 App 下载一个更新包就能搞定。

4. 低延迟

EOS 白皮书里强调了响应速度。大家有没有觉得在苹果手机和 Android 手机配置相同的情况下，苹果手机跑程序会更流畅？答案是肯定的，这就体现出苹果手机的响应速度优于 Android 手机。而 EOS 具有响应速度快、延迟低的特性。

5. 系统用户基础属性

EOS 还提供了作为操作系统的必备功能，相对于以太坊，这对开发者来说极具吸引力。如果笔者是开发者，肯定会选择一个可以帮自己处理用户登录、权限管理、用户数据等的平台。

1.4.3 经济模型

EOS 和以太坊网络使用不同的经济模型。从本质上说，这是所有权模式和租赁模式的对比。

对以太坊来说，交易中每次的计算操作、存储操作、带宽使用等都需要 Gas 费用。而且这些必需的费用价格是波动的，能够设置得非常高，因为矿工总会优先处理手续费高的交易。这在最近的众筹合约中显现得尤为明显，你需要将 Gas 费用价格调到非常高，否则交易将一直无法进入打包阶段。

此外，这种经济模型创造出一种情景，富有的玩家们可能会用高手续费交易淹没网络并导致整个网络的冻结阻塞，并且这种经济模型要求所有人在应用的开发、部署和使用过程中不停地“烧”Gas 费用。

相比之下，EOS 会采用所有权模式，在这种模式下持有 EOS 代币会提供给用户相应比例的网络带宽、存储空间和计算能力。这意味着如果用户拥有 1%的 EOS 代币，无论网络其余部分的负载如何，他将始终可以访问 1%的网络带宽。这样小型初创企业和开发者通过购买相对较小的网络份额，便可获得稳定可靠的、可以预见的网络带宽和计算能力。当需要扩展他们的应用程序时，只要简单地购买更多的 EOS 代币即可。此外，由于网络是零交易费用的，除了首次购买 EOS 代币，将没有其他的网络服务器等投入成本。当然如果愿意，也可以出售这些代币以便收回初始的投资。

1.5 EOS 技术意义

1.5.1 EOS 与 BTC

在区块链领域，比特币（BTC）似乎是数字现金和智能合约的代名词，虽然它吸引了加密爱好者、媒体和基金持有人的关注，但它没有在商业应用上有所突破。比特币受到每秒 7 笔交易（TPS）的限制，此后的交易可能会被严重拖延。

EOS 因为其秒级转账的性能，以及对智能合约的支持，在 DApp 应用的体验上远超 BTC。

1.5.2 EOS 与 ETH

以太坊（ETH）被誉为第一台全球电脑，因为它在比特币的基础上，加入了智能合约的功能，突破了比特币的功能限制。

但目前以太坊有 15 TPS 的速度限制，最近的一个标志性拥堵事件是，有一笔交易支付了 2000 美元的交易费来试图跳过排队队列。而限制区块链吞吐量的原因有很多，比如需要验证之前的块、处理新的块和挖矿等。

EOS 与 ETH 的一个显著差异在于，区块链的共识机制和总体的区块链治理方法不同。ETH 使用工作证明 PoW 模式（之后会切换到 PoS 模式），而 EOS 使用采取委托股权证明（DPoS）机制的石墨烯技术。

目前实行 PoW 的以太坊网络背后呈现出一个问题，即难以处理那些破坏性的应用程序。比如，之前 DAO 遭遇了致命的 Bug、黑客攻击和事故。需要特别说明的是，那些拥有“代码即法律”思想的人认为，对 DAO 的黑客攻击也是一种“特性”，而不是一个故障，因而用户应当更加负责任、更加细心地审视代码。不管怎样，DAO 事故都表明，以太坊上破坏性的应用程序会导致投资者要么面临潜在的实质性损失，要么面临导致混乱的硬分叉。根据当前以太坊的 PoW 共识机制，每次的硬分叉也能引起产生多重竞争链的风险，比如，在 DAO 事故之后分裂出来的以太坊经典 ETC。但为了处理一个破坏性的应用，一个扰乱了整个以太坊网络分裂性的硬分叉又是必需的。

相比之下，EOS 包含一个冻结和处理破坏性或冻结类应用程序的机制。举例来说，假如 DAO 在 EOS 上发生了，它可以被冻结、处理或更新而不干扰其他应用程序。此外，EOS 的 DPoS 共识机制使得在硬分叉时没有伴生出多重竞争链的潜在可能性。Steem 网络经历的 18 次成功的硬分叉已经证明了这一点，它同样也运行在石墨烯技术上。此外，EOS 将包含一个有法律约束力的“宪法”，确立共同管辖权用于解决用户争端，它还包含一个基于股权权重投票产生的自治的社区。

1.5.3 EOS 与腾讯服务器集群

EOS 由 21 个超级节点进行出块和验证，围绕着超级节点，外围还有大量同步节点，提供数据查询和交易发送等功能，如图 1-1 所示。

对比一下腾讯服务器网络（参见图 1-2），会发现 EOS 服务器网络和腾讯服务器网络很像，那么这是否意味着这两个服务器网络都是中心化的呢？笔者觉得这个结论是不对的。

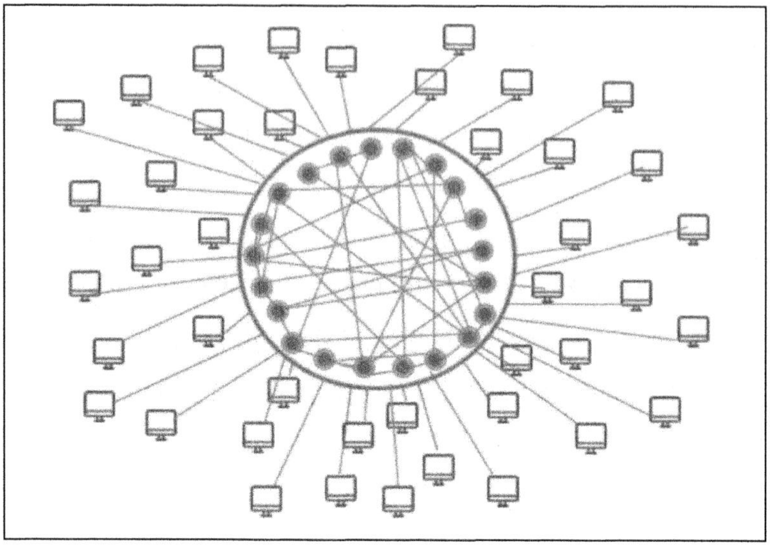

图 1-1　EOS 服务器网络

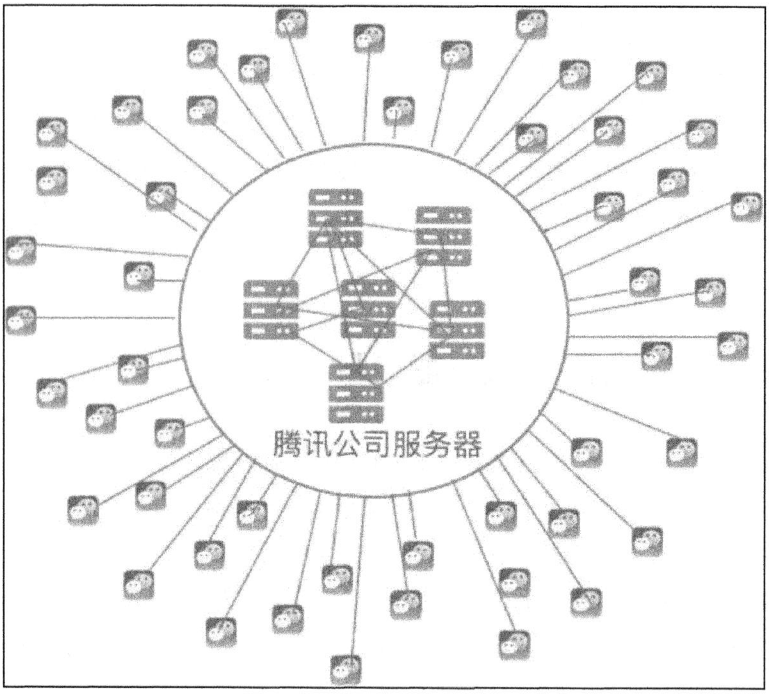

图 1-2　腾讯服务器网络

其最大的问题是把 21 个节点看成 21 台电脑。但实际上，21 个 EOS 超级节点是一台电脑。如果非要类比，那么 21 个节点之间的通信应该类比成腾讯一台服务器上的总线通信。因为 21 个 EOS 超级节点是一台电脑，所以每一个 EOS 用户都可以看到这台电脑上的数据，运行这台电脑上的程序。

在腾讯的服务器中，你能够看到的数据，只是其允许你看到的那部分，你能够操作的，也是其允许你操作的。

信息和程序的透明、对称、可审计是区块链应用和互联网应用的本质区别。

1.5.4　并行执行智能合约

在 EOS.IO 1.0 版本中并没有出现并行执行智能合约功能。但是，其区块结构会预先定义好，并在后续的版本中升级，而且这种升级不需要经过硬分叉即可实现。

异步的并行执行智能合约功能对于区块链智能合约平台来说，将是一个跨越性的进步，不仅极大地提升了执行效率，同时也可以获得由此带来的规模化成本优势——执行智能合约的成本会显著下降。

考虑到区块链的特性，每个智能合约的操作都需要在所有节点重现至少一次（这就是说，所有节点能够重做一遍相同的操作，并且得到相同的输出）才能获得共识。考虑到每个账户都可能需要访问自己的私有数据库，同时由于区块结构的限制，EOS 并没有线程锁的概念，所以 EOS 将会在账户层对智能合约进行并行化处理。即每个线程都会按顺序串行处理该账户本次提交的所有智能合约，而同一个区块可以包含多个不同账户提交的智能合约。并行执行的意思就是，将这些不同账户的智能合约分配给不同“线程”同时进行并行异步处理。因为没有锁，账户之间的智能合约调用（跨账户调用）将会由一个轮询执行线程调度程序来进行分配、传递和执行，但和一般电脑上并行执行的程序一样，这种跨线程传递消息的地方都会有性能瓶颈，而 EOS 跨账户调用消息的接收将是并行的，以减少可能的性能损失。打个比方，并行执行 10 份相同智能合约的速度并不完全是执行 1 份智能合约速度的 10 倍，具体速度要看这份智能合约中有多少跨账户调用的操作以及是否强制要求原子性执行（所有关联的跨账户的智能合约都在一个“线程”内串行地按顺序执行）。

但即便如此，若能确立好整个并行执行的区块结构和系统架构，那么横向地对硬件扩容以提升性能就会变得十分容易。比如，原来每秒平均有 10 份智能合约分配给 10 台服务器并行执行，而随着用户量加大，每秒平均增加到了 100 份智能合约，那么只需要直接增加更多台服务器就可以增加数十倍的处理能力以满足需求，在平均执行速度上其肯定会比以太坊和其他智能合约平台快几个数量级。这也是目前其他智能合约区块链平台完全不可能做到的。打个比方，以太坊像是一台运行着 DOS 系统的 386 处理器（串行处理程序），而 EOS 就像是一台可以并行执行程序并且随时扩容的超级计算机。

1.5.5 数据中心级节点

为了最大限度地发挥并行执行效能，BM 认为时刻都在出块的 21 个超级节点（矿工）必须配置足够性能的硬件设施，甚至每个超级节点都需要运营一个数据中心级别的节点来执行智能合约，这些节点必须配备集群服务器、万兆位光纤来连接各个超级节点的数据中心以确保快速出块，而这种成本规模是相当巨大的。维系节点的费用将会从系统通胀中支出，而具体的费率暂定为封顶 1%，但是这些超级节点之间可以互相商议以达成共识，在不超过 1%限度的基础上寻求一个所有人都可以接受的费率。持币用户如果觉得超级节点费率太高，或者对其提供的服务不满意，也可以将某些超级节点选举下台。

虽然总体开销如此巨大，但是只要具备了大量的需求，大量的智能合约通过 EOS 进行处理，得益于集群化、规模化的成本优势，依然可以使每一份智能合约的执行成本比现在的智能合约平台低几个数量级。

1.5.6　跨链通信与更加轻量级的默克尔树证明

跨链部分的实现同样未包含在 EOS.IO 1.0 版本中。

根据白皮书的介绍，EOS 将会内置一个跨链通信机制用于与其他区块链或者子链互相通信。白皮书举了一个例子，在 21 个超级节点，3s 确认速度的前提下，一笔跨链交易只需要 45s 即可确认。这应该是指 EOS 子链或者其他基于 EOS 的联盟链与公链之间的通信。而在与其他区块结构不一样的跨链交易里（比如，比特币），需要的时间会更长，因为前提是跨链交易必须被两条或多条链都确认不可逆后才可以达成共识。

EOS 里引入了一个更加轻量级的用于轻客户端的默克尔树证明（LCV），与比特币的 SPV（Simplified Payment Verification，简单支付验证）相比，这种结构的验证速度更快，需要传输和保留的数据更少，也更利于跨链操作。如 EOS 白皮书所说，“EOS 操作系统的轻量级证明只需要验证包含某个特定的不可逆交易之后的区块头数据（使用哈希链表架构，数据集保持在 1024B 以内），即可证明任何一笔交易是否存在。这将基于验证节点保留的前一天的所有区块头数据（2 MB 大小），然后证明这些交易只需要 200B 大小的证明数据。”

这种结构更加灵活、更加适合智能合约平台采用。同时超轻量级的轻节点并不需要经过长时间的初始同步以及存储全部区块头数据。并且 EOS 提供了一个灵活的裁剪历史交易功能来缩小节点所需要存储的数据量，通过裁剪功能可以根据不同场合、不同情况来对存储容量和验证速度进行调节。所以在 EOS 网络中可能会有超轻量级的节点（比如，用于智能手机的客户端）、保留全部数据的“全节点”（比如，超级节点有义务保留全部历史数据）、只保留部分数据的“半全节点”，或者那些选择只保留一天历史数据的验证节点。

跨链通信是终极的可扩展性功能，业界一直在寻找诸如侧链、Plasma 和分片等技术来实现跨链通信。

跨链通信使一个区块链能够以可证实的安全方式验证另一个区块链上的事件的真实性，目标是让区块链之间的通信像智能合约之间的内部链式沟通一样安全。

1.5.7 拓展性

EOS 将很可能成为唯一可以真正处理商业级去中心化应用的平台。

EOS 依赖已经在压力测试中展现出具有每秒 1 万至 10 万笔交易处理能力的石墨烯技术，另外 EOS 将使用并行化来扩展网络，或将达到每秒数百万笔交易的处理能力。如果这些基准得以实现，EOS 将能够支持数千个商业级规模的 DApp。EOS 将通过异步通信并使认证与执行过程分离来实现加速，并且由于没有交易费用，EOS 也不需要计数操作。

1.5.8 拒绝服务攻击 DDoS

DDoS 攻击的意思是，黑客通过几千台甚至上万台“肉鸡”（傀儡机，指被黑客远程控制的机器）每秒向你的网站 IP 发送几 GB 甚至几 TB 的流量，对你的网站 IP 进行流量攻击，一般受攻击的网站会因为流量猛涨、内存占用过高而无法打开。

互联网产品特别害怕这种攻击，比如你做了一个网站，购买的服务器只能接受 1 秒 100 次访问，但有人恶意使用 100 台“肉鸡”不停地访问你的网站，这时正常用户将无法访问。

为比特币设计矿工费最根本的目的就是防止 DDoS 攻击。如果没有矿工费，用户便可以无成本地攻击比特币网络。比如，攻击者构造一种自己给自己发币的交易，因为没有矿工费，所以可以无限制地发币。交易都需要占用完整节点的带宽、硬盘和 CPU 资源，如果遇到这种无限制的交易，那么节点很快就会挂掉，无法正常接收和验证交易，整个网络就会崩溃。

以太坊主要提供了一个智能合约平台，用户可以在其节点上运行任意程序。但如果用户编写了一个无限循环的程序，那么这些节点的 CPU、存储、带宽资源就会被消耗光，从而导致整个系统崩溃。以太坊同样为了防止这样的 DDoS 攻击设计了矿工费 Gas 机制，Gas 就是以太币。任何运行在以太坊网络上的程序，都会按需要消耗的资源划分计算步骤，每个步骤需要支付一定的 Gas。而当用户运行这个程序时，需要提前支付一定量的 Gas 总额，如果在运算过程中提前支付的 Gas 消耗光了，那就强行停止这个程序。通过这种方式可以阻止用户对以太坊网络发起 DDoS 攻击。

相比之下，EOS 更不容易受到 DDoS 攻击。

EOS 代币的所有者给予用户相应比例的网络带宽、存储空间和计算能力，因此恶意攻击者只能消耗与其 EOS 代币占比相对应的网络资源。DDoS 攻击或许可能在某个特定的应用程序中可用，这取决于应用的设计，但是这些攻击永远不会扰乱、中断整个网络。即使在许多恶意代理人试图给几个大型的网络应用制造垃圾阻塞的情况下，EOS 也能保证网络上小规模初创投资项目的带宽可靠性和计算能力。

EOS 白皮书中提到的第二个对抗 DDoS 的办法就是抵押币租赁系统资

源。虽然用户可以免费使用 EOS 网络上的资源，但却需要抵押 EOS 代币来租用网络资源。比如，全网有 10 亿个 EOS 代币，如果你只有 1 个 EOS 代币，那你就只能使用 10 亿分之一的网络资源。所以任何 DDoS 攻击者若想发起对网络的攻击，就需要持有和抵押 EOS 代币，从经济动机来看，这种攻击行为并不成立。

EOS 被定位为一条治理型区块链，所以 EOS 第三个对抗 DDoS 的办法是直接冻结异常账户。根据 EOS 白皮书的介绍，智能合约的行为会发生异常或者变得不可预测，不再按预期执行，有时应用程序或账户会发现某个行为导致其过度消耗资源，当这些问题不可避免地发生时，区块生产者有权纠正这些问题。

这种可冻结“异常”账户的设计让 EOS 变成一个需要“人治”的系统，这和区块链的“自治”理论稍微有点不一样，通俗地讲，绝大多数区块链产品的运营都不需要人值班，但 EOS 的运营是需要人值班的，目前 EOS 主链的值班人员就是 EOS 仲裁委员会的成员。

1.6 开发进度规划

以下是 EOS 官方发布的开发进度规划，截至本书写作完成时整个产品进度都按照规划准时推进着，这也让我们非常期待其下一步“实现集群”的落地实现。

1.6.1 阶段 1：最小可行的测试环境（2017 年夏季）

本阶段的目标是创建 API，满足开发者在 EOS.IO 上构建和测试应用的需要。（假设处于一个可靠的环境，开发者只在其中运行自己的代码。）

为了让开发者可以着手测试他们所开发的应用，需要完成以下内容。

1. 独立节点（Dan & Nathan）

在一个独立节点上，可运行一个测试区块链，提供了相关 API，可产生区块。这一节点上没有与 P2P 网络相关的代码。

2. 本地智能合约（Nathan）

EOS.IO 软件中有若干本地智能合约。这些智能合约用于管理区块链的核心操作，存在于 WebAssembly 接口之外。这些智能合约包括：

- @eos——管理 EOS Token 的转移。
- @stake——管理锁定的 EOS、投票和生产者选举。
- @system——管理权限、信息和智能合约代码更新。

3. 虚拟机 API（Dan）

智能合约会被编译为 WebAssembly（WASM），WASM 必须通过定义好的 API 才能与区块链交互。开发者开发应用需要依赖虚拟机 API，所以在开发者真正着手于 EOS 上构建程序之前，该 API 需要达到相对稳定的状态。

4. RPC 接口（Arhag & Nathan）

提供一个简单的 JSON RPC HTTP 接口，以便开发者能够广播交易信息，查询应用的状态。

对广播信息和与测试程序交互而言，该接口很关键。

5. 命令行工具（Arhag）

提供命令行工具，方便开发者将 RPC 接口集成到应用的构建环境中。

6. 基础开发文档（Josh）

用于指导开发者在 EOS.IO 区块链上构建程序的文档，包含了 WASM API、RPC 接口以及命令行工具的文档。

1.6.2 阶段 2：最小可行的测试网络（2017 年秋季）

在部署一个可行的测试网络之前，有一些额外的特性需要完成开发和测试，下面分别进行介绍。

1. P2P 网络代码（Phil）

这是一个插件，用于在两个独立的节点之间同步区块链的状态。

2. WASM 清理 & CPU 沙盒化（Brian）

WASM 代码需要进行清洁处理，以便检查异常行为，如浮点数运算异常和无限循环等。

3. 资源使用情况跟踪&限速（Arhag）

为了防止滥用，根据已有的 EOS、资源监控和使用情况追踪，对用户进行限制。

4. Genesis 导入测试（DappHub）

需要开发工具，用于从 EOS Token 发布状态导入数据，并创建一个创世设置文件（Genesis Configuration File）。这可以让参与 Token 众筹发布的人们获得一些初始的测试 EOS（TEOS）代币。

5. 区块链内通信（Nathan）

这一特性包括验证交易的 Merkle 哈希值是否有效。

1.6.3 阶段 3：测试＆安全审计（2017 年冬季，2018 年春季）

在这一阶段，会对平台进行大量的测试，找出安全问题和程序 Bug。在阶段 3 结束时，会给软件打上版本 1.0 的标签。

1. 开发示例程序

为了验证平台是否提供了真实开发者所需要的功能，示例程序的开发非常关键。

2. 对成功的网络攻击给予奖励

使用垃圾信息、虚拟机滥用、错误崩溃、非正常的操作来实施网络攻击，这是一个很复杂的过程，但是为了确保软件 1.0 版本可以稳定使用，这又是很必要的操作。

3. 编程语言支持

增加对其他可以编译为 WASM 的编程语言的支持，如 C++、Rust 等。

1.6.4 阶段 4：并行优化（2018 年夏季/秋季）

在 EOS.IO 1.0 稳定版发布后，会继续优化代码，提升并行执行性能。

1.6.5 阶段 5：实现集群（未来）

未来会有大量的企业和团队将业务和应用放到链上，这时 EOS 将通过集群来解决扩容问题。

1.7 EOS 系统当前面临的挑战

1.7.1 开发者的成本

目前来看，EOS 开发者的成本主要是学习成本和购买系统内存的成本。

学习成本主要是因为 EOS 系统本身和它的智能合约需要使用 C++开发，而 C++程序员目前不是太多。这个问题也许会随着支持第三方开发语言而逐步被解决。

购买系统内存的成本，主要是因为内存是通过购买而非抵押获得的，因此内存价格可能会存在炒作的空间。

1.7.2　潜在的攻击 EOS 系统的方法

有两种针对 EOS 系统的潜在攻击方法。

第一种攻击来自系统内部，超级节点内部竞争可能会导致军备竞赛式的攻击。EOS 共 21 个生产者主节点，49 个备用节点。这两类节点的收益是不一样的，存在竞争关系。备用节点为了上任成为主节点，因此有动机去攻击主节点，只要让主节点出几次错，就有机会把它们挤下来，从而自己上任成为主节点。

这种机制会导致内部相互攻击的情况发生。潜在的防御机制是使用“宪法”对这种内部作乱进行惩罚，但规则制定得再详备，也会有一定的漏洞，“宪法”不可能完备到杜绝所有的恶意竞争。

第二种攻击来自系统外部。EOS 系统上面可以建立 DApp，如果 DApp 的开发者通过抵押代币来为其用户提供免费的 EOS 系统资源，攻击者就可以伪装成用户，无成本地（只需要支付发起 DDoS 攻击本身的流量成本）攻击一个 DApp，从而间接地发起对 EOS 系统的攻击。更为可怕的是，DApp 之间的相互竞争会催生 DApp 之间的相互攻击，这种相互攻击是一个大问题，可能会导致原本设计的免费模式很难被实现。

1.7.3　超级节点的服务器成本和稳定性

EOS 系统的免费机制可能需要史无前例的超强服务器才能稳定运行，而且要求 EOS 的所有超级节点自身拥有足够强大的抗攻击的潜能。EOS 的超级节点们需要区块链产品设计里最强大的硬件——带宽、存储（包括内存和硬盘）、CPU，这 3 个资源都要达到顶级配置，尤其是内存，其扩容可能会遇到硬件瓶颈，而进一步地成为 EOS 下一步发展的瓶颈。

1.8 总结

本章主要介绍了什么是 EOS，EOS 要解决什么问题，以及它的特点和技术意义等。

基于 EOS 的特点，EOS 将带来更高的 TPS、更有扩展性的跨链通信、更友好的开发方式，并支持用户免费使用，这将极大地降低用户和开发者的使用和开发成本，提升开发、交易、使用效率。EOS 生态一旦良性运转，有可能带动其他公链应用迁移到 EOS，甚至重塑区块链经济分工，产生围绕 EOS 生态的上下游产业链，包括超级节点的安全防护、各类应用市场、各类代理、出租市场、教育培训市场、基于 EOS 的去中心化交易所、钱包等，这也是 EOS 最大的价值和意义所在。

在第 2 章中，我们将介绍 EOS 的工作原理，读者可以看到 EOS 如何基于其基本的设计理念来逐步开发各个模块，并最终组成一个完整的区块链操作系统。

第2章

EOS的工作原理

2.1 EOS系统架构

如图2-1所示，这是EOS早期版本Dawn 1.0的系统架构图，和目前的EOS.IO 1.0版本有比较大的区别，部分架构做了修改，部分架构在当前版本中还未实现。

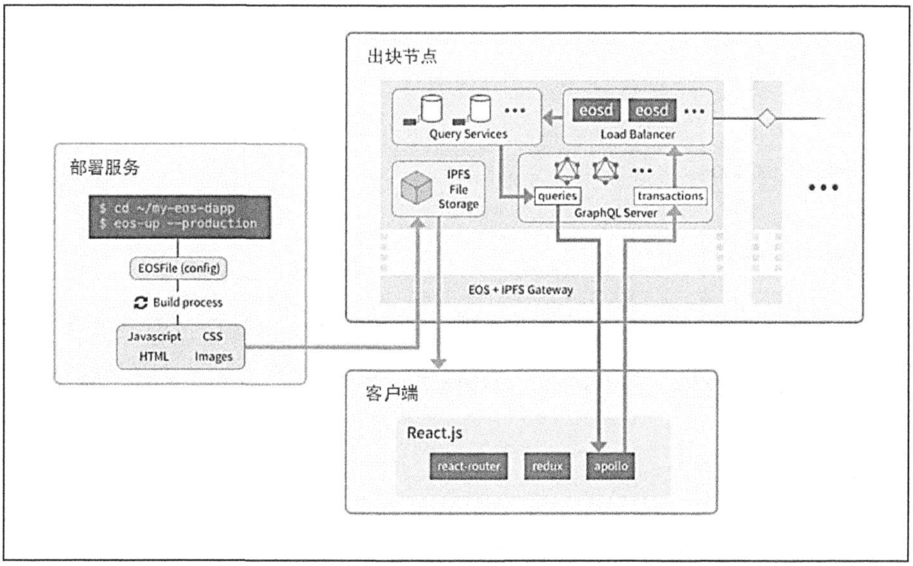

图2-1　EOS Dawn 1.0系统架构图（来自EOS.IO官网）

目前 GraphQL 的数据库设计已经被 MultiIndex 替代，使用 IPFS 作为 Web Hosting 服务的部分目前还未实现，eosd 模块也已经被 nodeos 代替。

EOS.IO 1.0 版本的主要系统模块如图 2-2 所示。

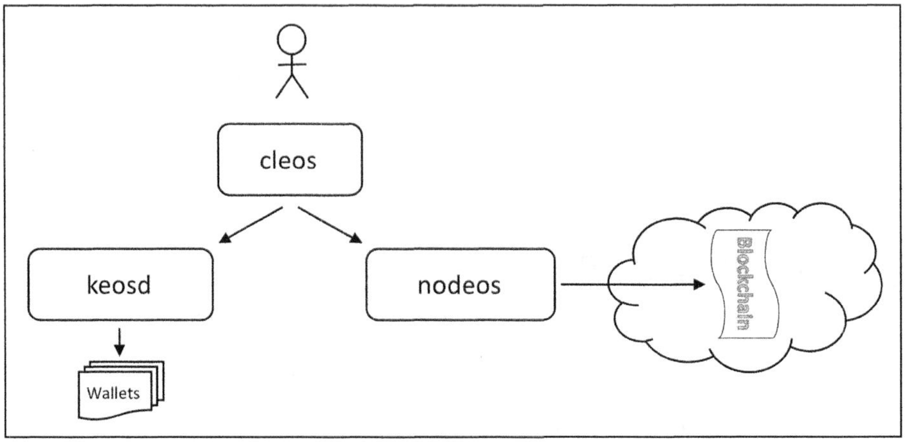

图 2-2　EOS.IO 1.0 版本的主要系统模块

通过与传统 Web 服务模块对比，可以比较容易地理解 EOS 各个模块的用途。

EOS：nodeos

Web：数据库

提供数据存储功能，只是 eosd 是基于状态的区块链数据存储方式，以及通过交易执行智能合约进行状态的修改。

EOS：Query Services

Web：REST、GraphQL 和微服务

EOS 把用户账户管理、转账等功能封装成微服务，方便使用。

名词解释：GraphQL 是一个由 Facebook 提出的应用层查询语言。使用 GraphQL，你可以基于图模式定义你的后端，然后客户端就可以请求所需要的数据集了。

EOS：Client（React.js）

Web：前端

在 EOS 架构中，前端使用 React.js 对接 RPC 接口是一种简单的开发方式。这个逻辑基本上和网站开发是一样的。

EOS：IPFS File Storage

Web：文件存储

从架构图上看包含了文件的存储和服务器端程序的存储。目前这块还未实现，应该是基于 IPFS 由超级节点搭建的，使用是免费的，但能够使用的存储空间和抵押代币的数量有关。

2.2　区块数据结构

从研究区块链的角度来看，区块数据结构是整个项目的基础。

2.2.1　区块头（block_header）

EOS 区块头数据包括哈希、时间戳、默克尔根、见证人账户等。

```
//区块头结构体
struct block_header
{
```

```
  //前一区块哈希
  block_id_type              previous;
  //区块时间戳
  block_timestamp_type        timestamp;
  //交易的默克尔根
  checksum256_type           transaction_mroot;
  //Action 的默克尔根
  checksum256_type           action_mroot;
  //区块默克尔根
  checksum256_type           block_mroot;
  //超级节点账户
  account_name               producer;
  //超级节点排序版本号
  uint32_t                   schedule_version = 0;
  //下一个超级节点（可以为空）
  optional<producer_schedule_type>  new_producers;
};
```

比特币和以太坊都需要通过挖矿来寻找随机数 nonce，所以它们的区块头中都包含这个随机数，但 EOS 的区块头中却不需要浪费算力去挖矿，取而代之的是 21 个超级节点作为生产者去生产区块。

2.2.2 区块摘要（signed_block_summary）

签名区块摘要的目的是将区块中的交易（Transaction）分配到各个层级中，这里并没有交易的完整信息，只展示了交易的层级和分组结构：

```
struct signed_block_summary : public signed_block_header {
  vector<region_summary>    regions;
};
```

EOS 白皮书里说明了区块摘要的结构：

```
Region
  Cycles (sequential)(串行)
    Shards (parallel)(并行)
```

```
        Transactions (sequential)(串行)
```

多个交易组成了一个 Shard（片区），多个 Shard 组成了一个 Cycle（周期），多个 Cycle 组成了一个 Region（区域）。每个区块所包含的交易就被这样的层级结构组织了起来，并将最终的组织结构单独记录在区块中。这也是 EOS 以后开发并行执行的基础。

2.2.3 区块

前面提到区块摘要只说明了交易的组织结构，并没有具体的交易信息，所以需要在区块最后添加完整的交易信息，这样就形成了一个 EOS 完整区块：

```
struct signed_block : public signed_block_summary {
 //完整交易信息
 vector<packed_transaction>   input_transactions;
};
```

2.3 EOS 的账户体系

2.3.1 什么是账户

如果使用 ETH 的话，你会从一串地址向另一串地址转账，这个地址是长长的一串乱码字样的字符，没有人能够凭记忆记住。

而通过 EOS 转账，就简单多了，使用的是很容易记住的有意义的名字。

在 EOS 中，是通过一个账户向另一个账户来转账的。比如，假设笔者的账户名是 giveeostoken，你的账户名是 sendeostoken，那么转账的时候，发送人为 sendeostoken，接收人为 giveeostoken，填好了数额，直接转账就可以，再也不需要记住那么一长串的字符地址了。

在 EOS 中，操作是以账户为基础的，转账、更新其他信息，都是基于账户的操作。

从本质上讲，账户是存储在区块链中的人类可读标识符。每笔交易都根据配置的账户权限进行评估。每个已命名的权限都有一个阈值，在该权限下签署的交易才能被视为拥有有效的阈值。它可能属于个人或组织，这取决于账户的权限配置，需要通过账户才能将交易直接或以其他方式推送到区块链。

EOS 账户有 12 个字符的限制（允许字符 a~z、1~5），这 12 个字符是从 64 位整数的 base-32 编码派生而来的。64 位整数是本地机器字符的大小，而数据库索引也是以这些 64 位整数为基础的，所以使用 12 个字符的账户名限制是对性能充分考虑的结果。

EOS 也支持少于 12 个字符的短账户名模式，但获得短账户名需要参与系统合约拍卖，第一个被拍出的短账户名是“eos”，拍卖的价格是 50 000 个 EOS 代币。

2.3.2 什么是交易

交易是一组 Action 操作的集合，也可以理解为执行智能合约。交易通过使用已经安装和解锁钱包的客户端来签署。

2.3.3 什么是公钥

EOS 账户有 Owner 权限及 Active 权限，对应的都是一串公钥。也就是说，如果你有这串公钥所对应的私钥，那么就有对应的操作权限，就能够操作这个账户。一个公钥，可以绑定到多个账户上。

2.3.4　什么是密钥对

密钥对是由公钥和私钥组成的，相互之间唯一对应，如下：

```
   Private key:
5KFvWKC4xCBHTTPmgJq1kWFJAWrgGHS99RPEgtk55WM3WycZ1ie
   Public key:
EOS5KcZJddh58Xeiwd9h4U7U7KA6dXBPTarkq813XCo4XvVkYQkkZ
```

私钥一定要写在纸上备份并保存好（注意区分大小写）。

2.3.5　什么是权限

EOS 会为每个账户生成两个默认的权限：Owner 权限和 Active 权限，账户的拥有者可以通过权限所对应的私钥来进行操作。

EOS 内置了一个层状用户管理和权限管理系统。不同用户拥有不同的权限，也可以隶属于不同的用户组，不同的用户组可内置不同的权限，这种设计非常符合企业环境的需求。

2.3.6　账户权限的更新

EOS 账户的每个权限默认会对应一个公钥，那么如果想修改我的公钥该怎么办呢？

其实比较简单，更新账户所对应的权限即可。比如，你有一个账户 giveeostoken，你想换个公钥来控制它的权限，这时就可以用 updateauth 命令更新 Owner 权限和 Active 权限，将对应的公钥换成你新的公钥即可。

2.3.7 什么是钱包

钱包是保护和利用你的密钥的软件。这些密钥可能被授予也可能不被授予区块链上的账户权限。

2.3.8 账户和钱包的关系

钱包是一个存储可能与账户有关的密钥的客户端。在通常情况下，钱包有锁定和解锁两种状态，并通过一个高熵密码保护。EOSIO/eos 库中有一个名为 cleos 的命令行界面客户端，它与一个名为 keosd 的 lite 客户端进行交互，并且共同展示了钱包的这种模式。

EOS 对于账户的设计与 ETH 有很大的不同，引入了 Account（账户）、Wallet（钱包）、钱包密码、Key（公/私钥）、Permission（权限）等众多概念，刚入门的时候会令人一头雾水，如图 2-3 所示。

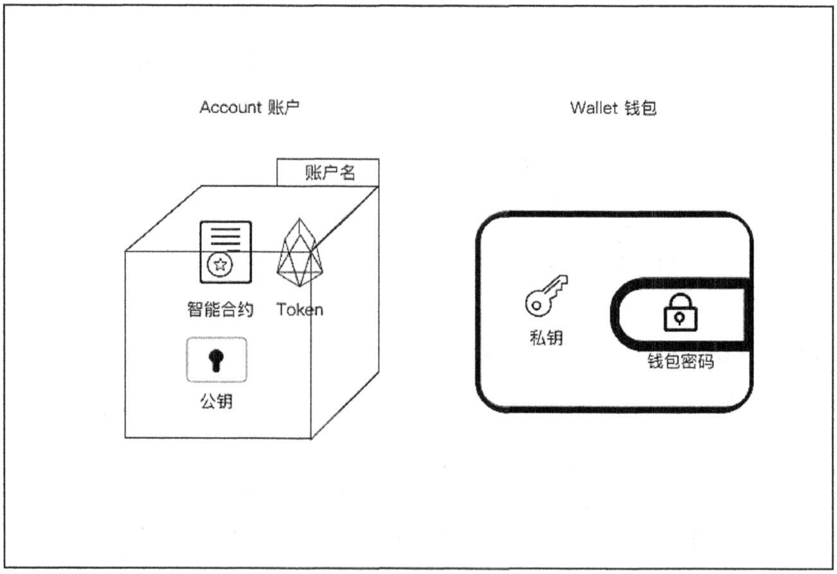

图 2-3 EOS 账户和 EOS 钱包的关系

如图 2-3 所示，右边是 EOS Wallet 钱包，里面只存放私钥，而且钱包有一个密码，需要输入密码才能解锁钱包，读取私钥。左边是 EOS Account 账户，可以把它看成一个保险箱，里面有 EOS Token 及智能合约，而若要转移里面的 EOS Token（或者执行智能合约，EOS Token 本身其实也是智能合约），你需要钱包中对应的私钥来解锁这个保险箱。

创建一个账户的命令是：

```
cleos create account {创建者账户名} {新的账户名} 公钥1 公钥2
```

其中{创建者账户名}是为这个创建操作支付 EOS 代币的账户，公钥 1 和公钥 2 分别是两个不同权限的密钥对的公钥。

所以把权限系统加上，图 2-3 就变成如图 2-4 所示的样子，一个保险箱有两个开关，不过打开后可以进行操作的权限是不同的。两个私钥可以存放在一个钱包里，也可以如图 2-4 所示存放在不同的钱包里（由不同的人控制）。

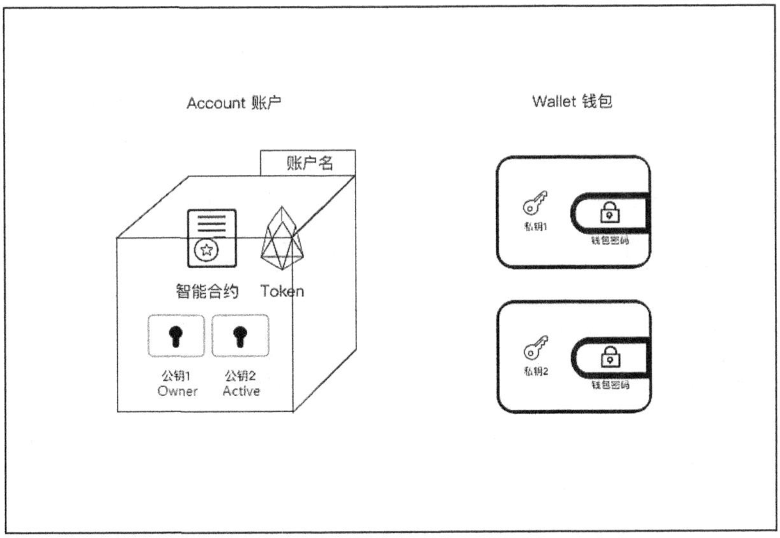

图 2-4　EOS 账户对应多个钱包管理密钥

图 2-4 中，Owner 权限是账户的最高权限，可以修改其他权限。Active 权限默认可以进行转账等操作，但不能修改其他权限。每个保险箱有一个名字，这就是 EOS 账户名。

转账和智能合约等操作的执行都是在 Account 这个保险箱中进行的，所以 EOS 世界中的账户名对应的其实是以太坊的地址。与以太坊不同，EOS 的账户名不再是一串很长的字符串，而是一个你可以自定义的英文字母+数字（12345）+符号（.）的字符串，其最长 12 位，最短 1 位，全局唯一，先到先得，注册需要消耗大于 4KB 的内存。

2.3.9 EOS 权限管理

在 EOS 中，不论是真人用户还是智能合约，本质上都是一个账户（Account）。或者说，真人账户也是一个智能合约，都可以对外声明别人可以对他做什么操作（比如社交智能合约里的发帖），EOS 官方称之为“Action”。

比如某个账户可以声明一个叫“SayHi”的 Action，别的账户就可以通过使用 Active 权限（这里可以参考之前的章节）对他执行 SayHi 操作。账户还可以声明对 Action 的回应方式，比如别人对他 SayHi 后可以回送一个金币等。所以 EOS 里“智能合约”的定义就是，账户声明的 Action，以及对 Action 的回应脚本（程序）。任何智能合约都是由这两个要素组成的。

这种架构自然而然地引发了一个问题，对于复杂的智能合约账户，有些 Action 的功能比较简单，比如就是一个查询操作，安全性要求不高，便利性要求高。还有一些 Action 便利性要求不高，安全性要求非常高，比如提现。用户账户使用自己的 Active 权限就可以执行所有智能合约的 Action，这显然是不够的。

EOS 为了解决这个问题，采取了如下 3 步。

（1）（用户）账户自定义分级权限。

（2）（智能合约）账户 Action 分级。

（3）用户权限与智能合约 Action 之间的映射（mapping）。

这里只是为了表达方便，将账户分为“用户”与“智能合约”，其实二者在 EOS 中没有区别。用户本身就是智能合约，智能合约也是其他智能合约的“用户”。

1. 基于角色

EOS 基于角色确定是否为任何给定的 Action 授予权限。

每个账户有两个默认的权限名称，即 Owner 权限和 Active 权限。Owner 权限象征着一个账户的所有权，只有少数交易需要这种权限，但需要注意对 Owner 权限做出任何改变的行为。一般而言，建议所有者保持“冷藏”并且不与任何人共享。Owner 权限可用于恢复可能已被泄露的另一个权限。Active 权限用于转移资金，为生产者投票并对其他高级账户进行更改等操作。

除了默认权限，账户还拥有可用于进一步扩展账户管理的自定义命名权限。自定义命名权限非常灵活，并且在实际应用中可以解决许多可能的用例。这在很大程度上取决于开发者如何使用它们，以及采用什么约定（如果有的话）。任何给定的权限可以被分配一个或多个公钥或有效的 account_name。

自定义命名权限如图 2-5 所示。

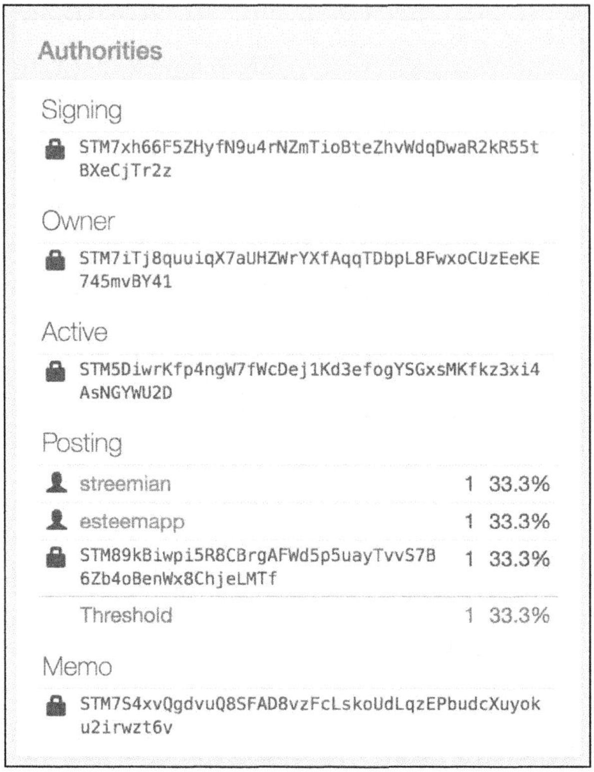

图 2-5 自定义命名权限

权限管理包括确认某项操作是否被正确授权。最简单的权限管理是检查交易是否具有所需的签名，这也意味着所需的签名是已知的。一般而言，授权涉及个人或群体，并且往往是分类的。EOS 提供了一个声明式权限管理系统，可以对账户进行细粒度、高级别的控制，以确定谁在何时可以做什么。

身份验证和权限管理必须标准化，并与应用程序的业务逻辑分开，这是至关重要的。这样使得开发工具能够以通用的方式管理权限，并为优化性能提供巨大空间。

每个账户都可以通过其他账户和密钥的组合来控制。这就创建了一个分层的权限结构，真实反映了现实中权限的组织方式，并使得多用户的账户控制比以往更容易。多用户的账户控制对提升安全性的作用是最大的，如果使用得当，会极大地降低黑客攻击造成的盗窃风险。

EOS 允许账户定义什么样的账户名和密钥的组合可以把特定的操作发送到另一个账户。例如，可以使用一个密钥访问用户的社交媒体账户，另一个密钥用于访问交易所，甚至可以授权其他账户来代表本账户进行操作，而无须为其他账户分配密钥。

2. 账户自定义分级权限

在 EOS 中，可以对账户自定义分级权限进行设置，如图 2-6 所示。

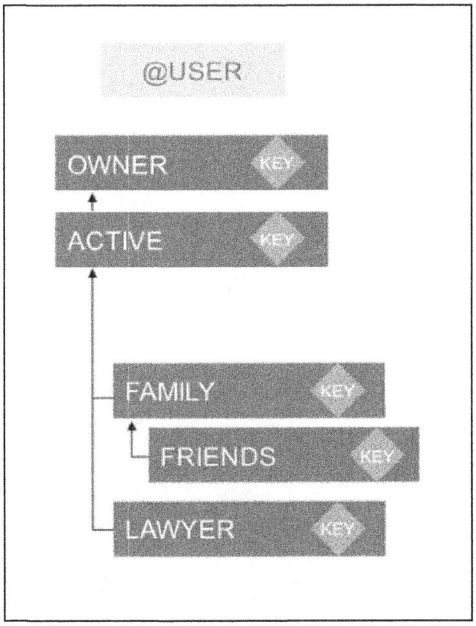

图 2-6　对账户自定义分级权限进行设置

图 2-6 中的 OWNER 权限是最高权限，ACTIVE 权限是之前提到的操

作智能合约的权限。所有权限都是基于权重和阈值进行管理的。在此基础上，增加了分级和分组的自定义权限。

图 2-6 中的箭头方向就是“母权限”或更高级权限。不难看出，OWNER 权限是账户的最高权限，可以执行 ACTIVE 权限；ACTIVE 权限可以执行 FAMILY 权限和 LAWYER 权限；FAMILY 权限可以执行 FRIENDS 权限。

反过来，低级权限不能代替执行更高级的权限。不同级别的权限用“/”或“.”分隔，比如，FRIENDS 权限就可以表示为“@USER.ACTIVE.FAMILY.FRIENDS”。

3. （智能合约）账户 Action 分级和分组

与权限分级类似，账户 Action 也可以分级和分组，如图 2-7 所示（图中的 MESSAGE 就是 Action）。

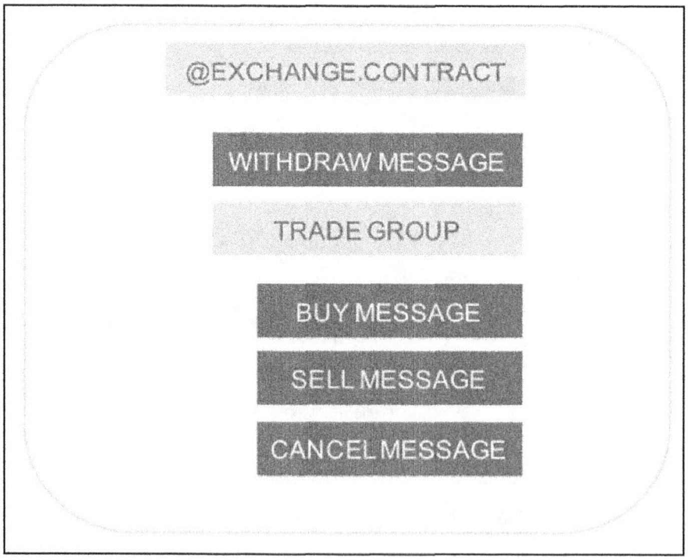

图 2-7　智能合约账户 Action 分级和分组

这个智能合约账户叫“@EXCHANGE.CONTRACT”，首先定义了 WITHDRAW（提现）Action，接下来是一组 Action 名叫“TRADE GROUP（交易组）”，组里有 BUY（买入）、SELL（卖出）、CANCEL（取消）共 3 个 Action。

Action 同样遵循“向下兼容”，也就是如果某用户账户的某权限拥有“TRADE GROUP”的映射，则其可以执行“TRADE GROUP”的所有 Action。不同级别的 Action 用“/”或“.”分隔，比如，图 2-7 中的 BUY Action 就可以表示为“@EXCHANGE.CONTRACT/TRADE/BUY”。

4. 权限与 Action 之间的映射

最后一步，我们要将前两步连接起来，也就是决定什么权限能执行什么 Action。权限与 Action 之间的映射如图 2-8 所示。

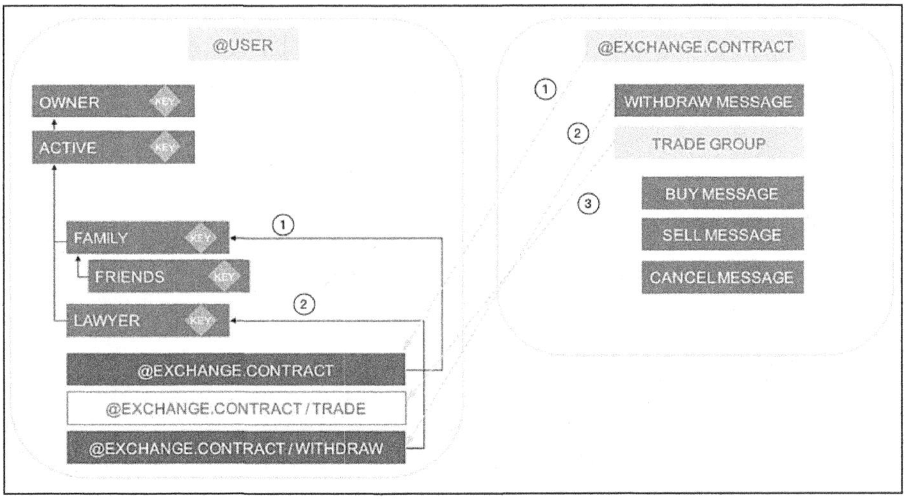

图 2-8 权限与 Action 之间的映射

映射①表示将@EXCHANGE.CONTRACT 账户的所有 Action 映射到了 FAMILY 权限，也就是使用@USER 用户的 FAMILY 权限（或者更高级权限）

可以执行@EXCHANGE.CONTRACT 账户的所有 Action。

映射②表示将@EXCHANGE.CONTRACT 账户的 WITHDRAW（提现）Action 映射到 LAWYER 权限，所以 LAWYER 权限可以执行 WITHDRAW Action，但无法执行其他 Action。

映射③表示 TRADE GROUP 并没有特殊映射，不过因为@EXCHANGE.CONTRACT 账户的所有 Action 都映射到了 FAMILY 权限，可以直接通过 FAMILY 权限执行，或者使用更高级的 ACTIVE 甚至 OWNER 权限执行。

如果@USER 账户想执行@EXCHANGE.CONTRACT/TRADE/BUY 这个 Action，系统会检查@USER 账户是否定义了@EXCHANGE. CONTRACT/TRADE/BUY 映射，没有的话会检查@EXCHANGE.CONTRACT/TRADE 映射，接着会检查@EXCHANGE.CONTRACT 映射，发现@EXCHANGE.CONTRACT 映射到了 FAMILY 权限，这时就会检查本次执行是否满足@USER.FAMILY 权限（达到阈值），若 FAMILY 权限不足则会检查@USER.ACTIVE，接着会检查@USER.OWNER。

如果没有发现任何符合的映射，会直接检查本次执行是否满足@USER.ACTIVE 权限，若不满足则会检查@USER.OWNER。

5. 并发评估权限

权限管理和程序逻辑是相互独立的，自然权限评估和程序逻辑也是可以分开执行的，这让验证权限成为一个只读过程且可以并发执行、跳过多余的权限评估过程，这样可以从整体上提高性能，显著提高 TPS 性能。

权限评估过程是“只读”的，并且对事务所做的权限更改直到块结束才会生效。这意味着所有事物的密钥和权限评估可以并发执行；此外，也意味着可以快速验证权限，而不需要重新启动昂贵的应用程序逻辑；最后，还意味着交易权限可以在接收到待处理的交易时进行评估，而在应用它们时无须重新评估。

从整体来看，验证权限占验证交易所需计算资源的很大一部分。让验证权限成为一个只读与可并发化的过程可以显著提升性能。

当我们重放区块链的历史，试图从操作日志重新生成确定性状态时，不需要再次评估权限。交易包含在一个已知的不可逆区块中这一客观事实，足以让其跳过权限评估的步骤。这极大地减少了重放不断增长的区块链时消耗的计算资源。

2.3.10　丢失密码可恢复

每个账户至少有两个权限：Owner 权限和 Active 权限。Owner 权限的许可级别应该遵循多重签名脚本的 NofM 机制，其中所有的 N 都不包含 Owner 权限的私钥。

任何时候 Active 权限密钥丢失或被盗，以 Owner 的权限级别都可以重置 Active 权限。

如果你失去了 Owner 密钥，或者多重签名合作伙伴不合作，则账户的 Active 权限可以在 Owner 权限闲置 30 天后请求重置 Owner 权限，而 Owner 权限则有 7 天时间通过更新 Active 权限来抵制请求。

在此模式下，由一个或多个硬件钱包控制的账户 Owner 权限将可以安全地防止黑客攻击和避免设备故障。

2.4 EOS 的共识机制

2.4.1 EOS 共识机制的历史背景

BM 在最初的 DPoS 共识机制设计中共锁定了 101 个生产者，它们都经投票选举产生，BitShares 2.0（以及石墨烯技术）把 101 这个数字调整为可由用户自定义，以便在人们投票时，可通过票数自由调节。

BM 在观察一个社区真正能被票选的节点数时发现，当一个社区处于可控状态时，可票选节点数通常在 15 个左右。所以他在做 Steem 时，决定把这个数字设定为“略高于 15”的 21，这样 Steem 就能更加“去中心化”地运行。

BM 在设计 BitShares 的最初版本时发现，101 个不同的生产者其实可能是同一个人，但社区无法审查这一点。尽管理论上有 101 个节点，但实际参与产块过程的最多可能就 20 多个节点，而这 20 多个节点的背后可能也就四五个实际控制人。

由于存在上述原因，所以 BM 在做 EOS 的时候，将节点数字敲定为“略高于可票选节点数 15”的 21，这样 EOS 就能更加“去中心化”地运行（投票节点必须是奇数，否则会出现长期分叉）。

随后他又规定这 21 个节点的出块顺序由系统随机设定并且随时会变，这样既能有效率地升级，同时也能避免硬分叉。

2.4.2 什么是 BFT-DPoS

BFT-DPoS，即带有拜占庭容错（BFT）机制的委托股权证明（DPoS）

共识算法。

EOS 采用委托股权证明（DPoS）共识算法，在目前已知的去中心化共识算法中，只有该算法经证明可以满足区块链上应用程序的性能要求。根据这种算法，EOS 区块链上的所有代币持有者都可以通过一个持续的投票系统选择区块生产者。想参与区块生产，只要能说服代币持有者给自己投票，最终（得票最高的那些节点）就可被选为区块生产者。

EOS 能够精确地每 0.5s 产生一个区块，并且在任一时间仅有一个生产者获权生产区块。如果在预定时间内没有区块生成，则跳过该块。相应地，当跳过一个或多个块时，区块链中会存在一个大于或等于 0.5s 的时间间隔。

使用 EOS.IO 软件，每一轮产生 126 个区块（共 21 个区块生产者，每一轮都有一个特定的生产者负责产生 6 个区块，即一轮的时间为 63s）。当每轮开始时，根据代币持有者的投票选出 21 个不同的区块生产者。获选的生产者的生产顺序由 15 个或更多的生产者一致同意、共同决定。

如果一个区块生产者错过生产一个区块，并且在过去 24 小时内均未生产任何区块，则会被从区块生产者的名单中剔除，直至他通知区块链表明他打算再次开始生产区块。这种方式可以排除不可靠的区块生产者，从而确保网络的顺畅运行。

在正常情况下，DPoS 区块链不会产生任何分叉，因为生产者生产区块的方式是合作而非竞争。如果出现分叉，那么共识算法的处理方式是自动切换到最长的链上。其工作原理是，一个区块链的分叉上新区块的添加速度与在这个分叉上达成共识的区块生产者的多寡直接相关。换言之，生产者数量多的分叉，其增长速度要比生产者数量少的分叉快，这是因为生产者数量多的分叉错过的区块数往往会更少。

此外，任何区块生产者都不应该在同一时刻、两个分叉上竞争出块。如果有区块生产者被发现这么做，则可能会被投票出局。这种双重生产会留下密码学证据，因此识别并自动清除这类区块生产者是可行的。

添加了拜占庭容错机制的 DPoS 共识算法需要所有区块生产者签名所有区块，但禁止同一个区块生产者签名两个时间戳或高度相同的区块。一旦一个区块被 15 个区块生产者签名，那么这个区块就可以被视为不可逆。一旦任何区块生产者签名了两个相同时间戳或相同区块高度的区块，这种不诚信行为就会留下密码学证据。在这一模型下，不可逆的共识将在 1s 内达成。

2.4.3 交易的数据结构

下面是一段交易示例代码：

```
"trx": {
    "expiration": "2018-07-13T00:29:16",
    "ref_block_num": 9202,
    "ref_block_prefix": 2142471634,
    "max_net_usage_words": 0,
    "max_cpu_usage_ms": 0,
    "delay_sec": 0,
    "context_free_actions": [],
    "actions": [
        {
            "account": "blocktwitter",
            "name": "tweet",
            "authorization": [
                {
                    "actor": "blocktwitter",
                    "permission": "active"
                }
            ],
            "data": {
```

```
                    "message": "EOS.IO"
                },
                "hex_data": "06454f532e494f"
            }
        ],
        "transaction_extensions": [],
        "signatures": [

"SIG_K1_KkS63hc4LfaueCZ93z4JLGR9FYtNMqBqK4R1tupQfGHyQFS7xxFi2f
dx5NEyGTQ7KsDVhqn2onP6DkGAFa1Kx1YiYmVwmx"
        ],
        "context_free_data": []
    }
```

从这段交易的示例代码来看，ref_block_num、ref_block_prefix（区块头哈希值的前缀）、expiration 构成了这个交易，确保一笔交易在所引用的区块之后和交易过期日期之前能够发生。

2.4.4 每秒处理交易数（TPS）

每秒处理交易数，英文为 Transactions Per Second，简称 TPS，又被称为吞吐量。影响 TPS 的因素有 3 个，即出块速度、确认时间、容量。以比特币为例，其出块速度为 10min、确认时间为 60min（需要 6 个节点确认）、容量为 1MB。如果把出块速度由 10min 降为 1min，则 TPS 提升 10 倍；如果把容量 1MB 扩容到 8MB，则 TPS 提升 8 倍。比特币的分叉也正是由扩容争端引起的，可见 TPS 对于区块链性能起着至关重要的作用。

目前 EOS 主网测得的最高 TPS 已经超过 2000。

2.4.5 交易确认

在典型的基于 DPoS 共识算法的区块链中，区块生产者会有 100% 的参与度。一笔交易在广播后平均 0.25s 时，就可以被 99.9%地确定达到了不可逆状态。而 EOS 除了 DPoS 共识算法，还引入了异步拜占庭容错（aBFT）算法，可让交易更快地达到不可逆状态，在 1s 内 100%地确定交易达到了不可逆状态。

2.4.6 交易作为权益证明（TaPoS）

EOS 要求每一笔交易必须包括最近的一个区块头的部分哈希值。这个哈希值有如下两个目的。

（1）防止一个交易在另一个未包含该交易的分叉上被重新广播。

（2）通知整个网络，某个特定用户和他的权益存在于某个特定的分叉上。

如此一来，伪造假冒链将变得非常困难，因为伪造者无法将合法链上的交易迁移到假冒链上。

2.4.7 DPoS 的不可逆确认算法

在网络碎片化的情况下，多个分叉都有可能持续不断地增长相当长的时间。长远来看，最长的链终将获胜，但观察者需要一种确定的手段来判定一个块是否绝对处于增长最快的那条链。

DPoS 共识算法通过观察来自 2/3+1 的多数区块生产者的确认来决定，所以在 2/3 +1 的见证人确认交易后，就可认为该交易是不可逆交易了。

2.4.8　EOS 共识机制的优势

EOS 在达到很高的 TPS 的同时，实现了一个信任区块链网络。其性能高于目前的比特币和以太坊，但可信程度并未下降。如果我们比较几大公链的算力占比，可以看出 EOS 的 21 个超级节点的模式在权力分配上反而更加分散，而且因为没有用 PoW 共识算法，节省了电力消耗的成本。

BTC 目前算力占比达到 1%的矿池只有 13 个，考虑因出块的随机性导致的算力统计计算偏差，全球有显著影响力的矿池约有 20 个左右。BTC 矿池算力占比如图 2-9 所示。

虽然 BTC 矿池并不是一个由单一的服务器构成的单一节点，一般一个矿池会在全球各地部署独立的节点，以检测整个网络的实时状况，但从去中心化的角度来说，矿池本身的实体更有代表性。

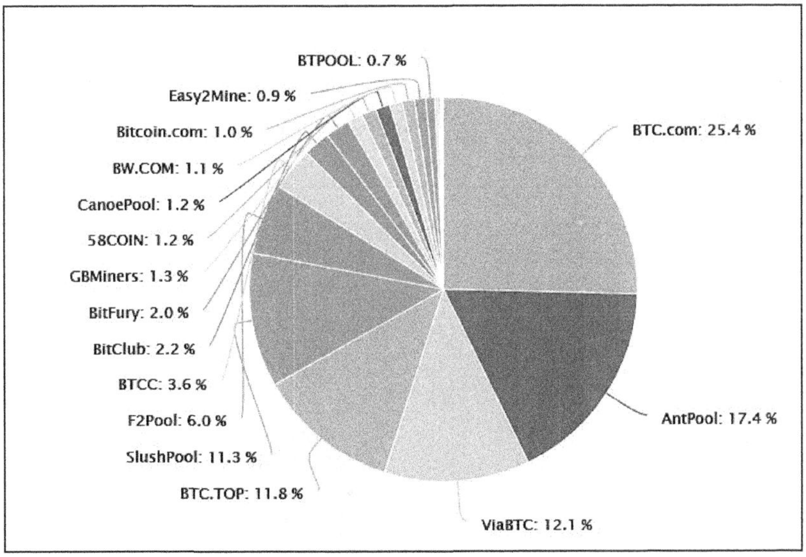

图 2-9　BTC 矿池算力占比

BCH（Bitcoin Cash，比特币现金）矿池实体会拥有多个独立的节点，但我们依然将这些同属于一个实体的节点等效为一个节点来评估去中心化程度。BCH 矿池算力占比如图 2-10 所示。

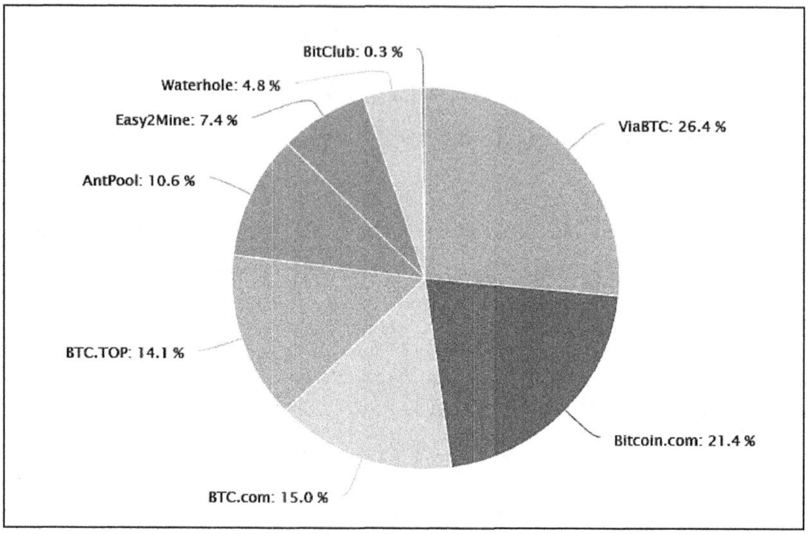

图 2-10　BCH 矿池算力占比

ETH 有影响力的矿池约 25 个，还有一些小矿池，但影响力不大。ETH 矿池的性质和 BTC、BCH 是一样的。ETH 矿池算力占比如图 2-11 所示。

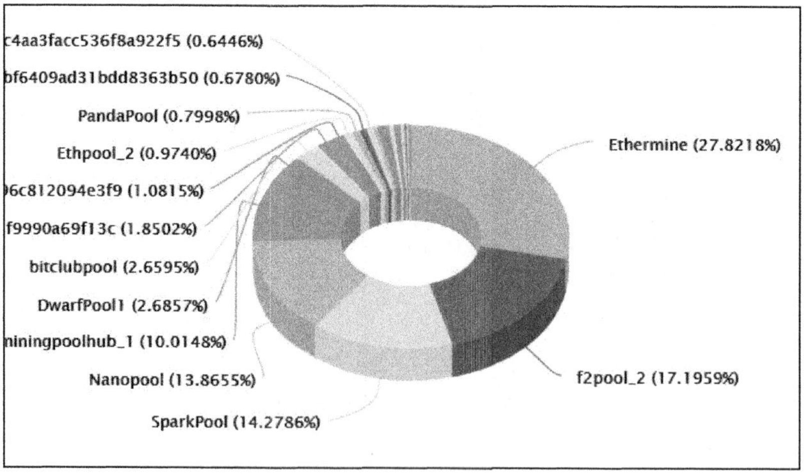

图 2-11　ETH 矿池算力占比

EOS 的挖矿设计的是 DPoS 共识机制，节点数一共 70 个，其中 21 个主节点，用来生产区块，49 个备用节点。当 21 个主节点出问题时，通过竞选机制，备用节点可上任成为主节点。EOS 区块生产者分配占比如图 2-12 所示。

EOS 区块的出块顺序和速度都是安排好的，并不存在哪个节点权力大，哪个节点权力小的问题。要恶意控制 EOS 超级节点来达到威胁网络安全的目的的话，需要控制 21 个节点中的 15 个，才能有效地发起攻击。

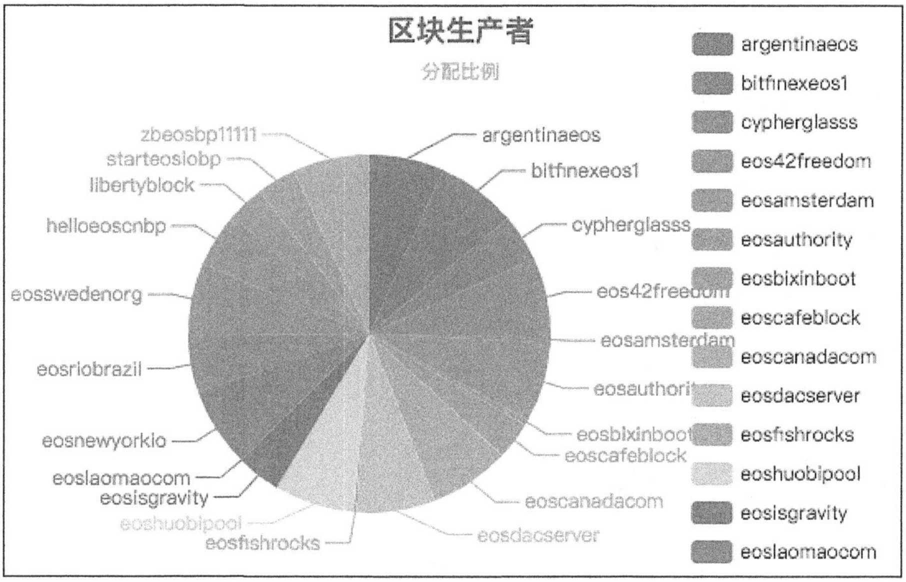

图 2-12　EOS 区块生产者分配占比

2.4.9　EOS 共识机制的问题

从遭到攻击和网络恢复的角度看，EOS 共识机制也有自己的弱点。

PoW 挖矿的矿机本身是和网络完全分离的，也就是说矿机可以不算是网络的一部分，矿机提供的算力才是网络的一部分，而若矿机全部毁了，那么只要能另行找到提供算力的东西就可以。

但 PoS 和 DPoS 挖矿不一样，需要抵押代币来完成挖矿，这种“矿机”就是网络不可分割的一部分。如果挖矿节点被攻击，比如被恶意控制，那全网能充当“矿机”的币也会被恶意控制，如果要恢复，只能硬分叉换一条链。而在恢复过程中，用户产生的交易将很难恢复。

2.5 社区治理模式

2.5.1 超级节点

EOS 超级节点就是为 EOS 区块链出块、验证，以及处理智能合约交易的节点，成为一个超级节点可以分享每年 1%的通胀收益。在 EOS 网络启动后，只要投票的 Token 比例超过 15%，超级节点就可以开始获得奖励。

超级节点需要配备良好的硬件设备和软件开发力量。

2.5.2 节点基础配置

超级节点的服务器架构如图 2-13 所示，包括一台主出块节点服务器、一台出块节点备用服务器、一组提供 API 服务的同步节点，并由一个负载均衡服务对外提供 API 服务。

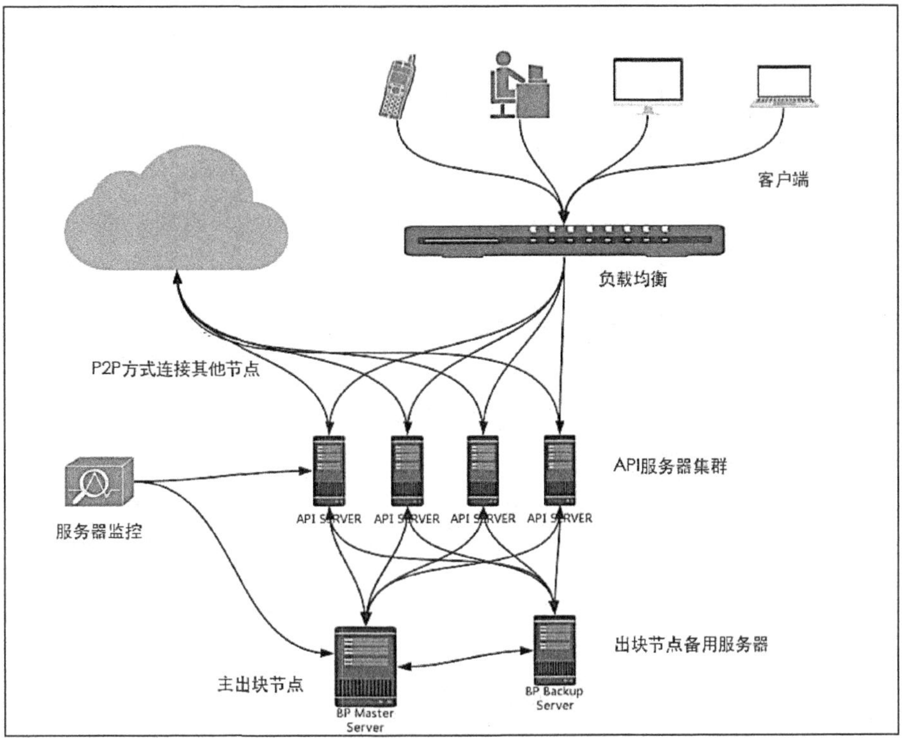

图 2-13　超级节点的服务器架构

2.5.3　节点收益

EOS 关于超级节点收益的详细设定如下。

（1）如果 Token 交易价格小于 *x*，5%的增发奖励可能会使备用节点的年化收入小于 200 万美元，那么系统允许出块节点力求全部 5%的配额。

（2）如果 Token 价格大于 *y*，仅 1%的增发奖励就能使备用节点的年化收入大于 200 万美元，那么系统就会将出块节点的奖励限定在 1%。

（3）如果 Token 价格在 *x* 和 *y* 之间，有一个公式将份额限制在 1%~5%之间，那么他们最多可以获得约 200 万美元/年。

（4）作为一个整体，整个系统一直在以每年 5%的速度通胀。即使节点不为自己征求奖励份额，这部分资金也是要进入社区提案基金的（用于社群福利、仲裁基金和系统优化）。

（5）“社区提案”可以包括“燃烧代币数量 Z”，以减少有效的通货膨胀。

2.5.4 EOS 主网启动过程

以下流程是 EOS 主网启动的完整过程。

1. 确定启动的 EOS 版本和源文件

2. 快照验证

（1）生成冻结 ERC20 代币的最终快照文件。

（2）检验一致性。

3. 启动 EOS

（1）选举 Bootnode 和 ABP（内部指定，对外保持匿名状态的区块生产者（BP）叫作 ABP（指定区块生产者），其目的是降低区块链被攻击的风险）。

（2）加载 4 个最重要的系统合约（eosio.bios、eosio.system、eosio.token、eosio.msig）。

（3）创建 EOS 代币。

（4）加载快照，分发代币。

（5）验证智能合约、账户、余额。

4. 检验

（1）验证智能合约、账户、余额是否正确。

（2）验证 EOS.IO 的各种功能（智能合约的步数、升级、内存买卖等）。

（3）验证网络的安全等。

5. 启用

（1）对外公布主网信息和节点信息。

（2）开启投票功能。

6. 激活

（1）投票达到 15%，所有锁定的功能解锁。

（2）正式宣布主网启动成功。

2.5.5 节点投票的设计

EOS 的超级节点投票可以通过命令行进行操作，也可以通过安全的第三方钱包进行操作。

投票的基本逻辑如下。

（1）EOS Token 持有者需要抵押他们的 Token 才能进行投票（关于抵押的逻辑我们会在本章后面的“EOS 资源的经济模型”一节中具体阐述）。

（2）抵押的 Token 数量与权重结合，产生票数，投给相应的节点，每次投票最多可以选择同时投给 30 个节点。

（3）如果不希望继续投票，你可以对抵押的 Token 进行赎回操作，赎回操作完成 3 天后，这些 EOS 代币才会进入可用余额。

（4）EOS 引入了一个时长为 1 年的投票权重衰减机制。衰减机制会从投票开始的 1 周后启动。如果用户在 1 周后不重新投票，则他之前的投票权重就会衰减，1 年后衰减至 50%。如果重新投票，则恢复至初始权重。也就是说，新的投票操作的投票权重较高。投票是实时变动的，24 小时不停，如果你的票投完了一直不操作的话，票的权重就会下降。

超级节点投票流程如图 2-14 所示。

除了自己投票，还有一种投票方式，被称为代理人投票。其大概意思就是将你手中的投票权交给代理人，让代理人替你完成投票。这种方式对于那些无法对所有节点进行尽调，但又想行使投票权来促进 EOS 生态更好建设的用户来说，无非是一种很好的选择。

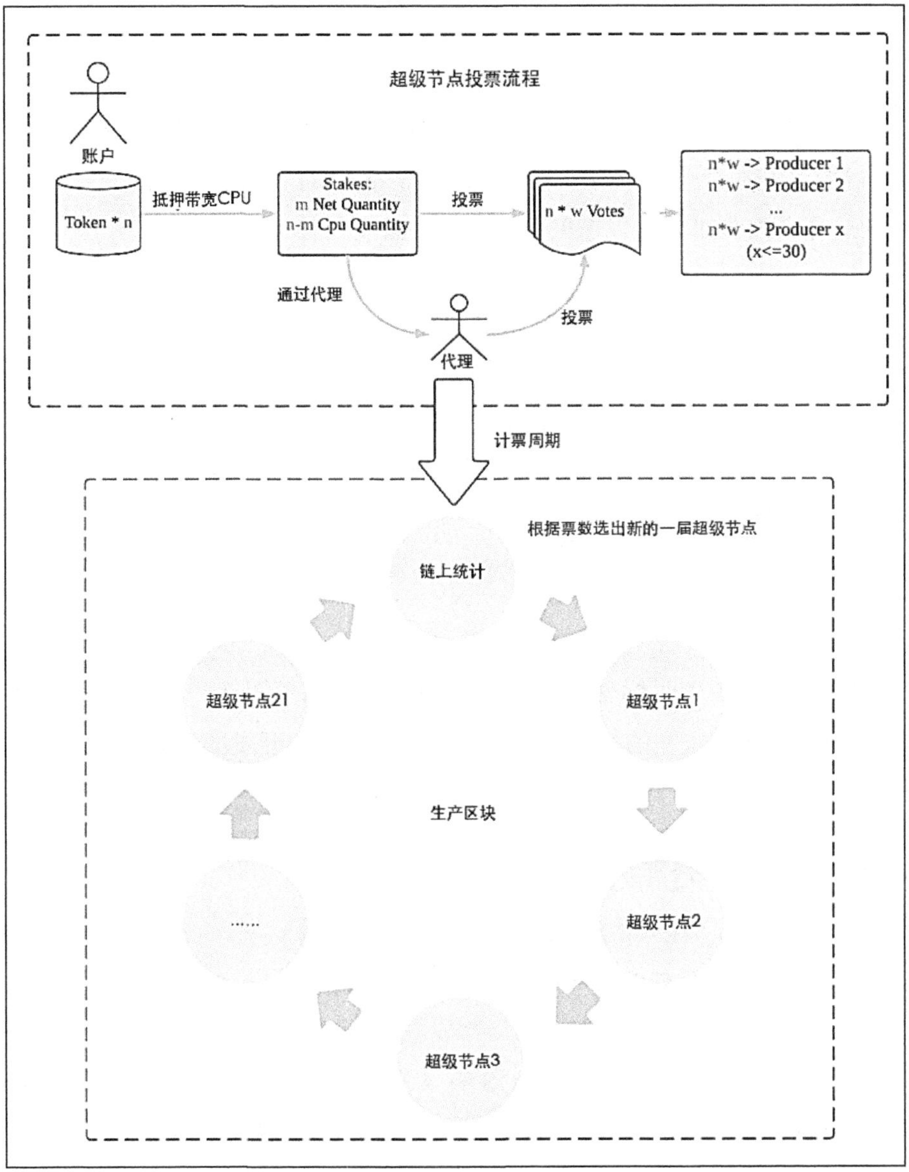

图 2-14　超级节点投票流程

2.5.6 并行的 EOS 主网

目前 EOS 社区共识的主网被称为 EMLG 主网。除此之外，也有几个其他的 EOS 社区，它们也在做一些针对 EOS 系统合约代码的修改，本书不做详细展开，读者如果有兴趣可以去他们的官网自行了解。

1. EOS 原力

EOS 原力是一个中国的开发团队，他们对 EOS 底层智能合约进行了自定义，比如重写了 EOS 资源模型，使用了与 ETH 类似的手续费模式，这是很有意思的探索。

2. EvolutionOS

EvolutionOS 的目标是通过建设与 EOS 主网并行且可以交互的 EOS 网络，实现对 EOS 主网的扩容，降低 DApp 开发者的开发成本。

2.6 EOS 资源的经济模型

2.6.1 什么是 EOS 资源

根据 EOS 白皮书的介绍，EOS 有 4 种资源，即 CPU、带宽、RAM、存储。目前已经上线的有 CPU、带宽、RAM，根据规划，存储部分会使用 IPFS 协议，但笔者写作本书时，此部分内容还未上线。麦子钱包 EOS 资源设置界面如图 2-15 所示。

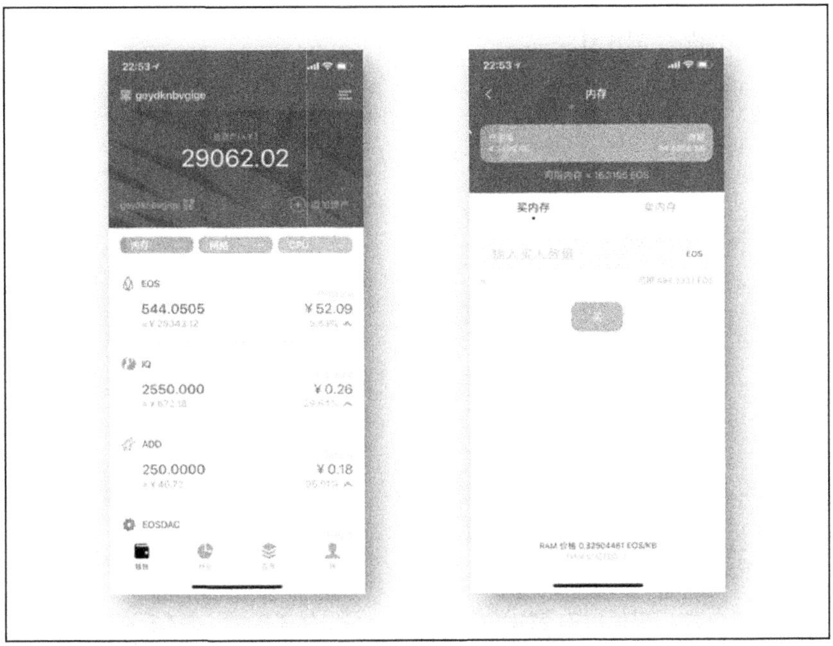

图 2-15　麦子钱包 EOS 资源设置界面

EOS 的资源可以分为两类。一类是可以借给别人使用的（CPU、带宽等），我们称之为可转让资源；另一类是只能够自己使用，无法借出给他人的，RAM 和存储资源属于这一类，我们称之为不可转让资源，虽然这类资源不支持出租，但支持为别人购买。

如图 2-16 所示，目前与 EOS 资源相关的流程如下。

（1）抵押代币获得 CPU 或网络带宽资源。

（2）使用抵押资源进行投票操作。

（3）赎回抵押的代币操作。

（4）买入内存 RAM。

（5）卖出内存 RAM。

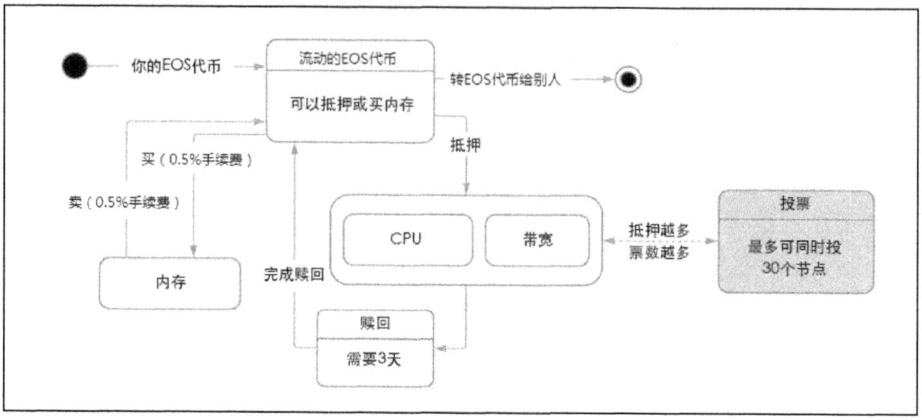

图 2-16　EOS Token 和资源使用的关系

2.6.2　EOS 不是免费的吗？为什么还要消耗资源

所有区块链都需要设计资源经济模型以避免有限的链上资源被浪费。

EOS 免费指的是下面两个方面。

第一，你可以抵押 EOS 代币来换取资源的使用权，这部分资源会自动恢复，但它限制了你在一段时间内使用的资源总量。

第二，如果不想使用内存了，可以销毁相关数据，释放内存空间并卖掉，获得返还 Token。

2.6.3　EOS 资源模型与 ETH 的不同

ETH 的资源模型相对比较简单，核心就是每一笔转账都需要手续费，如果调用智能合约的转账，那么手续费的多少根据程序的复杂度来决定。但最终，操作者本人的账户必须有 ETH（作为手续费）才能进行操作。

EOS 一方面将资源的概念更加细化，分成 CPU、带宽、内存等多种不同的资源；另一方支持更加灵活的租借及为别人购买的模式，这降低了普通用户参与的门槛。

2.6.4 CPU 和带宽的抵押模型

在我们习惯的世界里，“抵押”只意味着冻结所有权。但在 BM 手里，“抵押”是一种权利。比特股可以通过“抵押”来发布资产；Steem 可以通过“抵押”来映射权力；EOS 可以通过“抵押”来获得资源。

这些设计有很大的好处，也有一些坏处。BM 的设计总是有利于富人的，持币大户在这 3 个产品里都获得了远超其他用户的优势。

就像我们使用电脑，Windows 负责管理系统资源，包括硬盘、内存、CPU、带宽等，你运行任何程序都需要向 Windows 调用这些资源。而 EOS 是一个区块链操作系统，上面运行的任何 DApp 都需要调用存储、计算、带宽等资源，这些资源怎么分配呢？这就需要通过抵押 EOS 代币来分发了。如果你持有全网 10%的代币，那么就可以抵押这些代币获得 10%的系统资源。

现在用户在使用绝大多数区块链产品时都是需要矿工费的，但 EOS 不需要，EOS 这种抵押机制可以让开发应用的人购买和抵押代币，供终端用户免费发起交易。这种机制和现在我们在互联网上做一个产品，公司租用服务器供终端用户免费使用很像。而这种抵押机制带来的免费使用，对于降低新用户进入门槛有极大的好处。

关于 CPU 和带宽的抵押规则大致如下。

（1）只有在新发起一笔交易时，才更新 CPU 和带宽使用量的数据。

（2）用掉 CPU 与带宽资源之后，恢复周期是 24 小时。

（3）如果原先的资源已经完全耗尽，则无法发起新的交易。

2.6.5 内存买卖模型

内存也是 EOS 系统的一种重要资源，并且它是需要长期保留的，所以与 CPU 和带宽抵押模型不同，EOS 内存使用的是买卖模型。

EOS.IO 系统合约在分配 RAM（数据库空间）时使用了一种基于市场的分配方法，该方法基于 Bancor 算法。

计算表明，如果 1TB RAM 按比例分配给 Token 持有者，那么每字节的成本将是 0.018 美元（假设每个 Token 20 美元）。事实上，大多数 Token 持有者并不需要使用他们可能拥有的 RAM；因此，EOS 最初对 RAM 的定价是每字节 0.000018 美元（假设每个 Token 20 美元）。创建一个新账户需要大约 4KB 的 RAM，这意味着将花费约 0.10 美元。随着 RAM 被分配，价格会自动上涨，这样在系统耗尽 RAM 之前价格就会接近无穷大。

在 Dawn 3.0 系统合约中，你只能以你买入的价格出售 RAM。这样设计的目的是抑制囤积和投机，但这种方法的缺点是，那些廉价购买 RAM 的人在 RAM 变得更紧缺后，没有为其他用户腾出 RAM 的经济激励。在 Dawn 4.0 下，系统合约规定以当前市场价格购买和销售 RAM 分配。这可能会导致交易商在预计明天出现 RAM 紧缺的情况下购买 RAM。总的来说，这将导致市场随着时间的推移平衡 RAM 的供需。

随着时间的推移，摩尔定律将允许超级节点升级到 4TB 甚至 16TB 的内存，并且这种供应增长将逐渐降低 EOS.IO RAM 的市场价格。

作为一名智能合约开发者，RAM 是一项宝贵的资源，数据库记录需要消耗 RAM。考虑到 RAM 的成本，将存储在内存数据库中的数据量减到最小，并且设定你的应用程序在用户使用完后释放 RAM 将是非常重要的。例如，Steem 仅在 RAM 中存储了 1 周的内容，因此总量不会随着时间增长而增长。

那么现在形成了一个 RAM 市场，投机者或许想要利用 RAM 价格的波动性赢利。而目前 EOS.IO 系统合约设定 RAM 不可转让，只能向系统购买，并收取 1%的交易费用。这笔费用的结果是通过将其退出市场来抵消 Token 的自然通货膨胀。如果 RAM 的年度交易量等于 Token 供应量，则所有块生产者奖励的 100%将由 RAM 市场费用支付。

2.6.6 EOS 收费模式可能存在的问题

EOS 收费模式可能存在以下两方面的问题。

1. 成本问题

因为内存买卖模型具有一定程度上的投机性，这导致 DApp 应用的开发成本很高，最终这个成本会转嫁给 DApp 用户来承担。目前比较理想的设计是，通过经济系统减少主链的资源浪费，同时鼓励 DApp 开发者到侧链进行开发，降低成本。

2. RAM 的长期占用问题

RAM 是一项宝贵的资源，数据库记录需要消耗 RAM。例如，Steem 仅在 RAM 中存储了 1 周的内容，因此总量大小不会随着时间增长而增长。而 EOS 的 DApp 开发需要长期占用内存资源，那么成本会非常高。EOS 需要通过设计有效的经济机制使开发者尽可能地减少内存资源占用，或者有足够的经济激励使开发者释放内存。

2.7 总结

本章主要介绍了 EOS 系统架构、共识机制、社区治理模式、EOS 资源的经济模型，帮助读者理解 EOS 的底层设计理念，为后续的开发做好充分准备。

在第 3 章中，我们将开始搭建 EOS 测试环境，并下载和安装相关的开发工具。

第 3 章

开发工具和环境

3.1 EOS 客户端安装

3.1.1 硬件和系统要求

目前的 EOS 系统要求如下。

内存：8GB。

硬盘：安装 EOS 后剩余 32GB。

硬盘要求可通过修改配置文件调整，建议直接留足硬盘空间。

目前 EOS 官方推荐的操作系统及版本如下。

- Amazon 2017.09 及更高版本
- CentOS 7
- Fedora 25 及更高版本（推荐 Fedora 27）
- Mint 18
- Ubuntu 16.04（推荐 Ubuntu 16.10）
- MacOS Darwin 10.12 及更高版本（推荐 MacOS 10.13.x）

3.1.2 环境准备

EOS 的项目代码是托管在 GitHub 上的，需要通过 Git 复制到自己的电脑上。

Git 是一个开源的分布式版本控制系统，可以有效、高速地进行从很小到非常大的项目版本管理。因此我们首先需要给服务器环境安装好 Git 客户端，不同的操作系统安装方法稍有不同，读者可以自行搜索安装命令。

3.1.3 安装 EOS

1. 自动安装脚本

这是最推荐的一种安装方式，基本上硬件配置和操作系统没问题，这种方式就是比较安全的。

然后运行编译脚本，在 eos 文件夹中运行脚本命令如下：

```
cd eos
./eosio_build.sh
```

2. 手动编译安装

如果第一种方式不能顺利安装，可以通过这种方式。该方式需要手动安装依赖库，在 GitHub 的 EOSIO/eos 代码仓库中下载代码并进行编译。

下载所有的代码，复制 eos 项目库和子模块：

```
git clone https://github.com/EOSIO/eos --recursive
```

如果某个项目库已经被复制且没有--recursive 标记，则可以在 repo 内运行以下命令来检索子模块：

```
git submodule update --init -recursive
```

编译 EOS 是通过运行一个自动化脚本完成的，编译工具的信息主要存放在 eos/build 文件夹中。生成的可执行文件可以在 eos/build/programs 文件夹中找到。

3. Docker 安装

网络好的话，在 Docker 官网下载安装包速度快，但需要对 Docker 比较熟悉，对 chain 进行配置会比较复杂。另外，有时候在国内下载 Docker 官方镜像可能会比较慢。

（1）下载合适的 Docker 版本

在 Docker 官方网站根据你的平台下载合适的版本。

（2）下载 EOS 的镜像

在终端下运行 docker pull eosio/eos 命令，若在 Windows 下，则建议使用 PowerShell。因为 EOS 的原始镜像是 Linux 版本的，所以在 Windows 下要确保当前环境是 Linux 容器环境。在右下角任务栏上找到 Docker 图标，单击鼠标右键，在弹出的快捷菜单中选择“Switch to Linux containers...”命令。

（3）启动 EOS

输入如下命令启动 EOS：

```
docker run --name nodeos -p 8888:8888 -p 9876:9876 -t eosio/eos
nodeosd.sh
```

（4）停止与启动容器

输入命令如下。

- docker ps：列出当前运行的容器。
- docker stop [容器 ID]：停止该容器的运行。
- docker start [容器 ID]：重启停止的容器。

（5）删除容器

用 docker rm [你的容器 ID]能删掉该容器。

3.1.4 验证安装结果

你可以通过下面的命令查看当前正在运行的测试链信息，通过这种方式可以验证安装结果。

查看链信息：

```
curl http://127.0.0.1:8888/v1/chain/get_info
```

查看版本：

```
cd ~/eos/build/programs/cleos
./cleos -H 127.0.0.1 -p 8888 get info
```

3.1.5 单节点测试

在本地单节点的情况下，仅需要 nodeos 和 cleos，而不需要 keosd，这是因为用节点的钱包插件管理私钥即可。这一节点就是区块链的全部，所有的数据均存储在单一节点中。所以图 3-1（单节点测试网络）中的

“BlockChian”只是一个概念，所有的出块工作全都在 nodeos 中搞定。

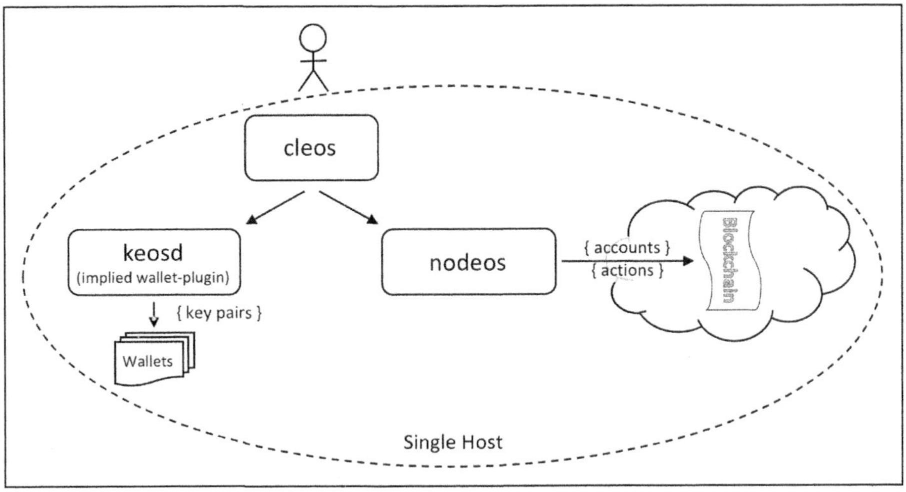

图 3-1 单节点测试网络

启动单节点测试网络（Single Node Testnet）的命令如下：

```
    cd build/programs/nodeos
    ./nodeos -e -p eosio --plugin eosio::wallet_api_plugin
--plugin eosio::chain_api_plugin --plugin
eosio::account_history_api_plugin
```

3.1.6 多节点测试

多节点测试系统更接近真实的区块链网络，只是运行在同一台电脑中。由 keosd 管理私钥，cleos 连接用户与节点，nodeos 作为节点出块。我们会在本书第 7 章中展开讲述详细的配置步骤。多节点测试网络如图 3-2 所示。

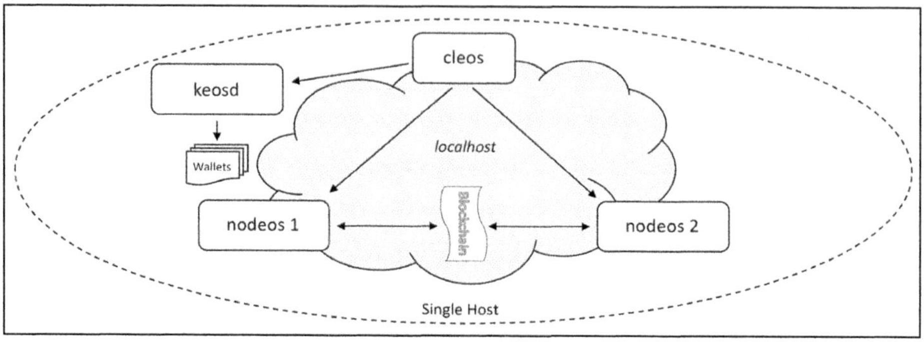

图 3-2　多节点测试网络

3.1.7　测试节点同步

目前 EOS 社区使用比较多的测试节点是 EOS Jungle Testnet，其区块链浏览器如图 3-3 所示。

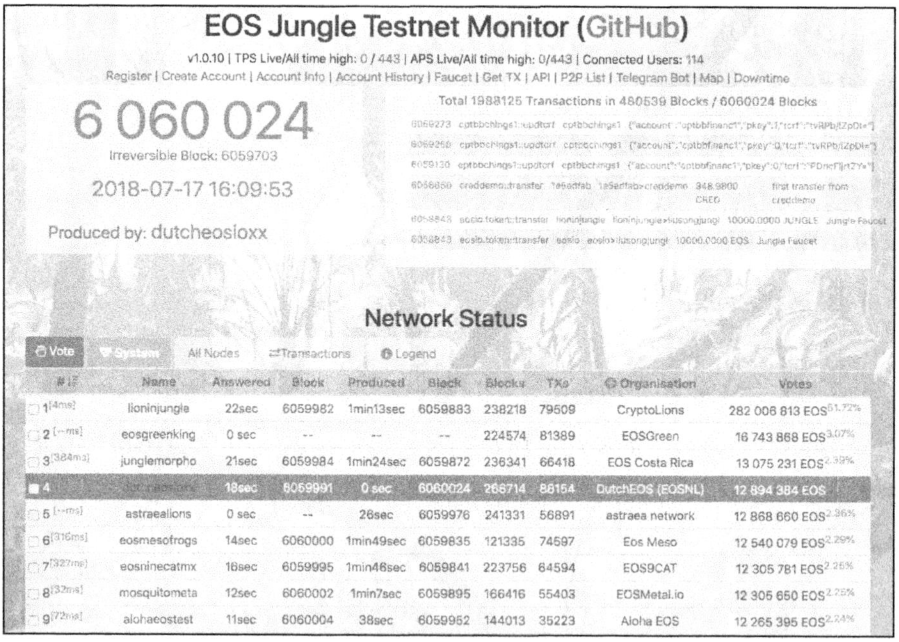

图 3-3　EOS Jungle Testnet 区块链浏览器

单击页面上的"P2P List"链接，可以获得同步的 P2P 地址，更新 config.ini 即可连接。

单击页面上的"Create Account"链接，可以创建测试账户。

单击页面上的"Faucet"链接，可以给创建的测试账户发送测试 EOS Token。

单击页面上的"API"链接，可以查看 RPC 接口的地址和格式。

3.1.8　主网节点同步测试

连接主网有如下两种方式。

1. 自己本地搭建非区块生产者节点

步骤如下：

（1）下载最新的 EOS 源码并编译

```
mkdir /home/eos-sources
cd /home/eos-sources
git clone https://github.com/EOS-Mainnet/eos.git --recursive
cd eos
git checkout mainnet-1.0.2.2
git submodule update --init --recursive
./eosio_build.sh
```

（2）配置 genesis 及 config 文件

```
mkdir /opt/EOSmainNet
cd /opt/EOSmainNet
git clone https://github.com/CryptoLions/EOS-MainNet.git ./
```

在下载 EOSmainNet 后，就获得 genesis.json 和 config.ini 两个文件。我们搭建的这个网络之所以是“主网”而不是自己的私网，就是因为有这两个核心文件。

- genesis.json 文件包含了创世块的内容

这个创世块和所有主网节点的创世块是一样的，所以我们在搭建主网。

- config.ini 文件包含了主网服务器节点的信息（ip:port），比如：

```
p2p-peer-address = peering.mainnet.eoscanada.com:9876
p2p-peer-address = peering1.mainnet.eosasia.one:80
p2p-peer-address = peering2.mainnet.eosasia.one:80
```

我们指定了主网其他服务器节点的 IP 和端口号，所以我们能从其他节点同步主网区块信息。

下载下来的 config.ini 配置没有定义 Producer，这是因为以目前的主网，我们的个人节点做不了超级节点，根本拉不到那么多选票。因此，我们若只是为同步区块数据，就不需要添加 Producer 了。

我们唯一需要做的是修改 p2p-server-address：

```
p2p-server-address = 0.0.0.0:9876
```

（3）运行

```
./start.sh --delete-all-blocks --genesis-json genesis.json
```

必须指定 genesis.json 文件，启动后就会在 stderr.txt 文件里查看到 log，代表启动成功并正在同步数据。

2. 直接连接远端 nodeos 节点

远端 nodeos 节点的信息可以一个一个测试上面的 config.ini 文件里的 p2p-peer-address，比如若要使用 peering.mainnet.eoscanada.com:9876 这个节点，可使用下面的命令连接到主网：

```
  $./cleos.sh -u http://peering.mainnet.eoscanada.com:9876 get
account genesisblock
  permissions:
       owner     1:    1
EOS11111111111111111111111111111111114T1Anm
       active    1:    1
EOS11111111111111111111111111111111114T1Anm
  memory:
       quota:      unlimited  used:      2.66 Kb
```

另一种寻找 p2p-peer-address 的方式是，可以从超级节点的 bp.json 中找到“p2p_endpoint”的信息。比如，访问 EOSeco 的投票页面，打开节点信息列中节点的 bp.json 文件即可找到。EOSeco 浏览器超级节点信息页如图 3-4 所示。

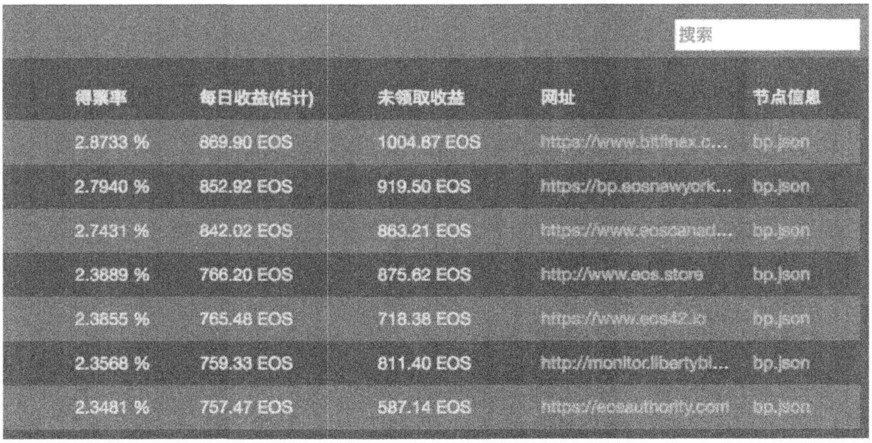

图 3-4　EOSeco 浏览器超级节点信息页

3.1.9 如何更新 EOS 版本

我们以 Mac 本地安装的 EOS 进行版本升级为例，介绍如何进行 EOS 版本更新。

1. 拉最新的版本到本地

通过以下 4 行命令可以拉最新的版本到本地：

```
cd eos # 进入 eos 的根目录
git add .
git commit -m "upgrade" # 先 commit 了才能 pull
git pull
```

2. 用 git tag 命令查看软件版本

输入 git tag 命令，可查看软件版本，在输出结果的最后可以看到最新的版本号是 v1.0.2。

3. 通过 checkout 命令建立新的分支

输入 git checkout -b [自己起的分支名] [用 tag 查到的版本名]命令创建并切换到新的分支，例如，git checkout -b v1.0.2 v1.0.2。这时已经自动切换到 v1.0.2 分支。

4. 切换分支

之后想切换回新版本，可以先用 git branch 命令查看有哪些分支，然后用 git checkout [分支名]命令切换即可。

5. 删除分支

有时候不小心建错了分支，可以用 git branch -d [分支名]命令删除分支。

> 注意：当前分支是不能被删除的，如果要删除当前分支，先用 git branch 命令切换分支，再执行删除操作。

6. 重新安装

先在 eos 根目录下执行：

```
sudo ./eosio_build.sh
```

如果报错说 Boost 版本不对，卸载重装即可解决问题：

```
brew uninstall boost #卸载 Boost
cd /usr/local/Cellar/boost #进入 Boost 所在的文件夹
sudo rm -rf * #有时候里面的东西会对重装有影响，最好删掉
brew install boost #安装最新版本
brew link boost -force #强制链接
```

然后进入 eos/build 文件夹，构建可执行环境：

```
sudo make install
```

7. 删除旧区块

打开/Users/[你的用户名]/Library/Application Support/eosio/nodeos 目录，把 data 文件夹里面的内容删掉，这时已经删除了旧区块。

8. 修改配置文件

返回刚才的/Users/[你的用户名]/Library/Application Support/eosio/

nodeos 目录，进入 config 文件夹，打开 config.ini，在里面可以自定义基础配置和插件的配置。

然后进入 eos/programs/nodeos，输入 nodeos 命令后即可启动新配置。

3.1.10 编译安装常见问题

（1）源码拉取的时候必须使用-recursive

```
git clone https://github.com/eosio/eos -recursive
```

（2）源码拉取不完整

这是因为 GitHub 网络慢，可以尝试重新下载。

（3）执行 eosio_build.sh 后很长时间没反应

这是因为在编译过程中会下载很多依赖库，其中 LLVM 这个库耗时最长，除了 VPN（Virtual Private Network，虚拟专用网络）没有什么太好的方法。有网友说使用 brew 国内源，但同时也有很多人说这个 brew 国内源也不太好用。

（4）内存不够的错误

```
Beginning build version: 1.2
2018年5月18日星期五 07:13:36 UTC
User: itleaks
git head id: 29c30f10650102ffb000bb1a287dc285d582275f
Current branch: master
ARCHITECTURE: Linux
OS name: Ubuntu
OS Version: 16.04
CPU speed: 3095.998Mhz
CPU cores: 1
```

```
    Physical Memory: 1993 Mgb
    Disk install: /dev/sda1
    Disk space total: 47G
    Disk space available: 31G
    Your system must have 7 or more Gigabytes of physical memory
installed.
    Exiting now.
```

比如，Ubuntu 平台就修改了./scripts/eosio_build_ubuntu.sh 文件，找到字符串“$MEM_MEG -lt 7000”，修改为你机器内存可以支持的值，比如“$MEM_MEG -lt 4000”。

（5）Mac 环境安装报错

```
    export LLVM_DIR=/usr/local/Cellar/llvm/4.0.1/lib/cmake
    brew unlink gettext&& brew link -force gettext
```

删除钱包目录和数据目录，然后重启即可解决这个问题。

钱包文件对应的目录：

~/eosio-wallet/xxx

节点数据目录：

（ubuntu）

~/.local/share/eosio/

（Mac）

~/Library/Application\ Support/eosio/

删除上面目录的内容，重启 nodeos 即可重置账户、智能合约等各种数据。

（6）执行 eosio_build.sh 的错误

错误：

```
ERROR: Linking /usr/local/Cellar/python/3.6.5… Error: Permission denied @ dir_s_mkdir - /usr/local/Frameworks
```

解决方法，需要执行以下命令：

```
sudo mkdir /usr/local/Frameworks
sudo chown $(whoami):admin /usr/local/Frameworks
ERROR: Could not find a package configuration file provided by "LLVM" (requested version 4.0) with any of the following names
```

错误：

```
ERROR: Failed to find Gettext libintl (missing: Intl_INCLUDE_DIR)
```

解决方法，需要执行以下命令：

```
brew unlink gettext && brew link -force gettext
```

错误：

```
ERROR:找不到 libc.bc 和 libc++.bc 的问题
```

解决方法，把工具链 C++ 14 依赖库都装上。

（7）编译智能合约错误

错误：

```
ERROR:'stdint.h' file not found when running the example of
smart contract "Hello World"
```

解决方法，需要执行以下命令：

```
cd ~/eos/build
sudo make install
```

在 Mac 环境下，Boost 和 WASM 的安装目录：

set(BOOST_INSTALL_DIR /usr/local/include/boost)

set(WASM_INSTALL_DIR /usr/local/wasm)

（8）在启动节点的时候，报 iostream error 的错误

解决方案，需要执行以下命令：

```
./nodeos -resync
```

3.2 nodeos 命令行工具

nodeos 是运行一个由多个插件配置的节点的 EOS.IO 核心守护进程，其主要用途是生产区块、提供专用的 API 端和进行本地部署。

下面的命令是通过 nodeos 启动 EOS 的示例：

```
./nodeos -e -p eosio --plugin eosio::wallet_api_plugin
--plugin eosio::chain_api_plugin --plugin
eosio::account_history_api_plugin
```

按照官方的说法，nodeos 是服务器端区块链节点组件（component），这个组件支持在运行的时候加载各种插件（plugin）。在上面的示例中，该

命令加载了钱包（wallet）、链（chain）和账户历史（account history）3 个插件。

将操作系统运行起来，我们才能在上面进行开发。操作系统上面加载了一些插件，通过这些插件，我们才能和操作系统交互。

nodeos 主要包括下面这些插件。

- history_api_plugin（交易历史 API 插件）：开启插件，会将 history_plugin 插件的交易历史数据通过 RPC 接口对外开放。
- history_plugin（历史记录插件）：为链上对象的历史记录提供缓存层，它使用 chain_plugin 作为数据源，mongo_db_plugin 作为缓存数据库。
- chain_api_plugin（区块链接口插件）：提供区块链数据接口。
- chain_plugin（区块链插件）：处理和读取链数据的核心插件。
- faucet_testnet_plugin（测试网络分发测试 Token 插件）：为测试网络提供自动分发测试 Token 的插件。
- http_plugin（HTTP 插件）：提供基于 HTTP 的 RPC API 接口。
- net_api_plugin（网络接口插件）：将 net_plugin 的功能通过 RPC API 对外提供。
- producer_plugin（超级节点插件）：超级节点必须使用这个插件，普通节点不需要。
- wallet_plugin（钱包插件）：使用这个插件可以省去 keosd 钱包工具。
- wallet_api_plugin（钱包接口插件）：给钱包插件提供接口。

这些插件除了可以在 nodeos 命令行中配置，还可以在 config.ini 中配置。

3.3 cleos 命令行工具

cleos 是 EOS 的命令行工具，负责在 nodeos 上做 3 件事情：与区块链系统的交互、管理钱包、管理账户，因此其需要在启用了 nodeos 的情况下使用。

如果说 nodeos 是一个操作系统，那么 cleos 相当于终端“命令行工具”。

cleos 与 nodeos 公开的 REST API 进行交互。为了使用 cleos，需要将终端（IP 地址和端口号）添加到 nodeos 实例，并配置 cleos 以加载'eosio :: chain_api_plugin'。cleos 文件夹中包含所有命令的文档。

查询有关 cleos 的所有命令，只需简单地运行它，不需要任何参数：

```
cleos
ERROR: RequiredError: Subcommand required
Command Line Interface to EOSIO Client
Usage: ./cleos [OPTIONS] SUBCOMMAND
Options:
 -h,--help                   打印帮助内容并退出
 -H,--host TEXT=localhost    其中的 host 为 nodeos 运行的服务器
                             地址信息
 -p,--port UINT=8888         其中的 port 为 nodeos 运行的服务器
                             端口信息
 --wallet-host TEXT=localhost 其中的 host 为 keosd 运行的服务器地
                             址信息
 --wallet-port UINT=8888     其中的 port 为 keosd 运行的服务器端
                             口信息
 -v,--verbose                输出详细错误信息
Subcommands:
 version                     返回版本号
 create                      创建链上或链下条目
 get                         返回链上对应变量信息
 set                         设置或更改链状态
```

```
  transfer                      从一个账户向另一个账户发送 EOS
  net                           与 P2P 网络交互
  wallet                        与本地钱包交互
  benchmark                     配置并执行基准
  push                          向区块链发起交易
```

要获得有关任何特定子命令的帮助，请不要使用参数，运行以下命令：

```
 cleos create
 ERROR: RequiredError: Subcommand required
 Create various items, on and off the blockchain
 Usage: ./cleos create SUBCOMMAND
 Subcommands:
  key                       创建一个新的公/私钥对，并打印出公钥与私钥
  account                   创建一个新的账户
  producer                  创建一个新的区块生产者
 cleos create account
 ERROR: RequiredError: creator
 Create a new account on the blockchain
 Usage: ./cleos create account [OPTIONS] creator name OwnerKey
ActiveKey
 Positionals:
  creator TEXT              正在创建新账户的账户名称
  name TEXT                 新账户名称
  OwnerKey TEXT             该账户对应的 Owner 公钥
  ActiveKey TEXT            该账户对应的 Active 公钥
 Options:
  -s,--skip-signature       设置不应使用解锁的钱包密钥来签署交易
  -x,--expiration           设置交易最长等待确认时间，以 s 为量级，默
                            认值为 30s
  -f,--force-unique         强制交易，这将消耗额外带宽，并移除为防止
                            多次意外发布相同交易的任何保护措施
```

下面介绍一些常用命令。

1. get info 命令

该命令主要用于查看当前区块链状态，比如在启动本地区块链后，查

看它是否正常工作，命令如下：

```
cleos -u http://localhost:1321 get info
```

注意：修改 RPC 的地址和端口号。

返回的内容包含了当前 EOS 版本号、当前区块编号等。

2. get block 命令

该命令用于对某个编号的区块记录进行查询，命令如下：

```
cleos -u http://localhost:1321 get block 1027924
```

返回的内容包含了出块时间、出块节点、交易信息等。

3. get account 命令

该命令用于查询特定的 EOS 账户信息，命令如下：

```
cleos -u http://localhost:1321 get block aaaaaaaaaaaa
```

返回的内容包含了账户权限、账户资源状况等。

4. new account 命令

该命令用于创建一个新的 EOS 账户，命令如下：

```
    cleos -u http://localhost:1321 newaccount --stake-net
'0.0001 EOS' --stake-cpu '0.02 EOS' --buy-ram-kbytes 3 <付费账户
名> <新注册账户名> <新注册账户的公钥>
```

该命令由<付费账户名>出钱创建了一个初始抵押，0.001 EOS 用于网络，0.002 EOS 用于 CPU，并购买了 3KB 内存，以基本满足新账户转账最低资源需求。

5. system delegatebw 命令

该命令用于抵押系统资源的操作，命令如下：

```
    cleos -u http://localhost:1321 system delegatebw
aaaaaaaaaaaa bbbbbbbbbbbb '0 EOS' '0.4 EOS'
```

该命令从 aaaaaaaaaaaa 账户的 EOS 余额中给 bbbbbbbbbbbb 账户抵押了 0.4 EOS 的 CPU 资源。

6. get table 命令

该命令用于查询智能合约的数据表，命令如下：

```
    cleos -u http://localhost:1321 get table <field> <contract>
<table>
```

比如，我们有一个 token 合约，里面通过 account 表保存每个账户的余额数据，那么查看 aaaaaaaaaaaa 账户的命令：

```
    cleos get table aaaaaaaaaaaa token account
```

查看 bbbbbbbbbbbb 账户的命令：

```
    cleos get table bbbbbbbbbbbb token account
```

更多命令使用帮助可以参考官方资料。

3.4 keosd 钱包

keosd 是载入由插件配置的钱包的 EOS.IO 钱包守护进程。

命令行界面钱包程序为 keosd，位于 eos/build/programs/keosd 路径下，用于存储交易签名的私钥。keosd 在本地节点上运行，也将私钥保存在本地节点上。

nodeos 也可以通过插件的形式运行 keosd 钱包，但为了更加安全，钱包和 nodeos 应该部署在不同的服务器上。在测试的时候从简，给 nodeos 加上 wallet-plugin 插件即可。

钱包是存储密钥对（公钥和私钥）的仓库，在区块链上执行的操作需要经过钱包的签名。钱包的核心工作有两个：将密钥本地存储在一个安全的加密仓库中，以及当操作需要签名时提供签名。

所以 keosd 并非一个 EOS 区块链必须启动的组件，只要能完成上述两个工作，钱包就可以通过各种形式来实现，比如，手机 App 钱包一般会自己实现密钥的存储方式以及签名函数。

3.4.1 如何运行 keosd

输入如下命令可运行 keosd：

```
keosd
```

在默认情况下，keosd 会在目录~/eosio-wallet 中生成一个基础的配置文件 config.ini。当运行命令行钱包时，通过配置命令行参数--config-dir 指定 config.ini 配置文件的目录。该配置文件中保存用于接入 HTTP 链接的服务器配置 http-server-address 参数，以及其他用于资源共享的配置参数。比如，你需要设置钱包解锁的时间，避免隔一段时间就会锁定，这时就可以通过修改 config.ini 的参数来完成。

在默认情况下，keosd 将钱包文件保存在~/eosio-wallet 目录下，钱包文件名为~.wallet。例如，默认钱包文件名为 default.wallet。在建立了其他钱包后，在该目录下会分别建立每个钱包文件，例如，当建立了一个名称为“foo”的钱包时，会生成一个钱包文件 foo.wallet。钱包文件可以通过命令行参数--data-dir 存放到指定的目录中。

3.4.2 命令参考

与 keosd 交互使用的工具是 cleos，该命令在目录 eos/build/programs/cleos 下。该工具提供了与 keosd 交互的各种命令。

1. 新建钱包

输入命令：

```
cleos wallet create ${参数}
```

参数说明：-n 表示文本；--name 表示钱包名称。

如果不提供钱包名称，则会创建一个默认钱包（default.wallet）。

2. 打开钱包

打开一个已经创建的钱包。在操作一个钱包前，需要先打开该钱包：

```
cleos wallet open ${参数}
```

参数说明：-n 表示文本；--name 表示钱包名称。

3. 锁定钱包

输入命令：

```
cleos wallet lock ${参数}
```

参数说明：-n 表示文本；--name 表示钱包名称。

当节点 nodeos 被关闭或者钱包服务 keosd 被关闭时，钱包会被锁定。在重启钱包服务后，需要解锁钱包。

4. 解锁钱包

输入命令：

```
cleos wallet unlock ${参数}
```

参数说明：-n 表示文本；--name 表示钱包名称；--password 表示钱包密钥，如果不使用此参数，则会提示输入密钥。

5. 导入私钥到钱包

输入命令：

```
cleos wallet import ${参数} 私钥
```

参数说明：-n 表示文本；--name 表示钱包名称。

6. 钱包列表

输入命令：

```
cleos wallet list
```

列出所有的钱包，如果钱包名称后出现*号，说明该钱包已经被解锁。

7. 显示私钥

输入命令：

```
cleos wallet keys
```

显示所有已经被解锁的钱包私钥。

3.4.3 使用 nodeos 管理钱包

除了使用 keosd 管理钱包，还能使用 nodeos 管理钱包。虽然并不推荐使用 nodeos 管理钱包，但是这种方式在开发与测试阶段非常有用。不建议同时使用 keosd 和 nodeos 管理钱包，虽然不会出现什么问题，但很容易引起混淆。

如果想使用 nodeos 管理钱包，当启动 nodeos 时，需要添加参数 eosio::wallet_api_plugin，或者在配置文件中做相应的设置。（Wiki 教程中，在启动 nodeos 时，加入了 eosio::wallet_api_plugin 参数，因此在使用 Wiki 中的命令启动节点时，无须单独启动 keosd。）

使用方法 1：

```
    cd build/programs/nodeos ./nodeos -e -p eosio -plugin
eosio::wallet_api_plugin
```

使用方法 2（在 config.ini 文件中添加）：

```
plugin = eosio::wallet_api_plugin
```

注意：当使用 nodeos 管理钱包时，如果 nodeos 关闭，钱包将会被加锁。在重新启动 nodeos 后，需要使用 unlock 命令解锁钱包。

3.5　EOS 源代码结构

EOS 源代码主目录下有如图 3-5 所示的文件夹。

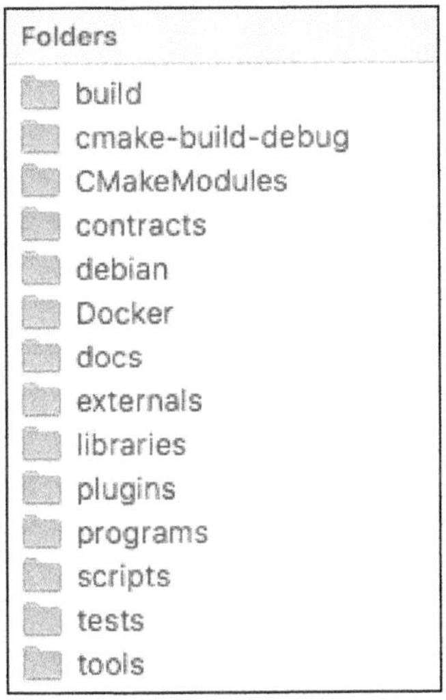

图 3-5　EOS 源代码主目录下的文件夹

1. CMakeModules

该文件夹中主要是 CMake 编译所需要使用的一些配置文件。

- cotire：是加快编译速度的 CMake 文件。

- doxygen：可以将代码中的一些注释生成相关文档。
- FindGperftools：包含了性能分析相关的配置。
- FindWasm：检测当前机器是否可以生成 WASM32。
- installer：提供安装的相关配置信息。

前面我们介绍过，EOS 的编译需要 WASM 的支持，因此 wasm.cmake 文件提供了 WASM 的相关配置信息。

2. contracts（合约）

该文件夹中包含有合约的相关内容。

- asserter：定义了 assert 的相关结构体，并完成对智能合约事件的分发。
- bancor：班科算法合约，定义了 bancor 结构体，包含凯恩斯国际货币单位的相关内容，主要用于货币单位之间的转换。
- currency：定义了 currency 结构体，同样为货币的相关内容。
- dice：实现了一个掷骰子的小游戏。
- eosio.system：包含 EOS.IO 系统的相关内容，该内容接下来会做详细介绍。
- eosiolib：包含 EOS.IO 运行所依赖的库的头文件。
- exchange：包含交易相关结构体的定义。
- identity：包含身份的相关定义，在 EOS.IO 中身份和账户是两个相互分离的概念，身份和账户的映射需要服从一定的共识。
- infinite：代码中实现了一个不停打印的函数。
- libc++：C++库。
- musl：Linux 操作系统下的一个标准库。
- noop：实现一个空的智能合约。

- proxy：实现代理的相关内容。
- simpleDB：包含了数据库相关内容。
- social：主要方便用户在创建属于自己的货币的同时可以让其进行投票等。
- storage：方便用户修改账户的名字。

3. libraries（库）

该文件夹中包含 EOS 依赖的一些库，介绍如下。

- abi_generator：用于生成 ABI 文件。
- appbase：为一系列的插件编译提供了一个框架，它可以确保插件正常配置、初始化、启动、关闭这一流程。
- chain：这里包含 EOS 作为区块链的核心内容。
- chainbase：是为了满足区块链应用需求而设计的数据库，也用于任意对鲁棒性要求较高的交易数据库。
- testing：主要用于测试 P2P 网络。
- utilities：主要包含一些通用的标准函数。

4. EOS 编译运行所需要的插件

EOS 编译运行所需要的插件介绍如下。

- account_history_api_plugin：账户历史记录的接口插件。
- account_history_plugin：账户历史记录插件。
- chain_api_plugin：链的接口插件。
- chain_plugin：链的插件。
- faucet_testnet_plugin：测试网络插件。
- http_plugin：HTTP 插件。

- mongo_db_plugin：MongoDB 插件。
- net_api_plugin：网络接口插件。
- net_plugin：网络插件。
- wallet_api_plugin：钱包接口插件。
- wallet_plugin：钱包插件。

5. build

build/programs 目录中：

- eosio-abigen：用于生成 ABI 文件。
- eosio-launcher：简化了 eosd 节点跨局域网或者跨更宽泛的网络的分布。
- nodeos：根据用户的配置启用插件来运行一个节点。现在可用来生产区块、封装接口、本地开发等功能。
- cleos：提供了命令行操作。若要使用 eosc，需要在初始化 eosd 的时候配置好 IP 和端口，同时加载 eosio::chain_api_plugin。
- keosd：EOS 的命令行钱包核心线程。

6. 其他文件夹

- Docker：方便用户在 Docker 上运行 EOS。此处不多做介绍了。
- docs：包含一些文档。
- externals：包含一些依赖的外部文件。

7. 搜索

我们可以通过搜索 EOS 源代码对 EOS 系统设计进行分析，比如搜索 system_contract::bidname，你可以在文件/contracts/eosio.system/eosio.system.

cpp 中找到 EOS 短账户名竞拍的代码逻辑，如图 3-6 所示。

```
void system_contract::bidname( account_name bidder, account_name newname, asset bid ) {
   require_auth( bidder );
   eosio_assert( eosio::name_suffix(newname) == newname, "you can only bid on top-level suffix" );
   eosio_assert( !is_account( newname ), "account already exists" );
   eosio_assert( bid.symbol == asset().symbol, "asset must be system token" );
   eosio_assert( bid.amount > 0, "insufficient bid" );

   INLINE_ACTION_SENDER(eosio::token, transfer)( N(eosio.token), {bidder,N(active)},
                                                 { bidder, N(eosio.names), bid, std::string("bid name ")+(

   name_bid_table bids(_self,_self);
   print( name{bidder}, " bid ", bid, " on ", name{newname}, "\n" );
   auto current = bids.find( newname );
   if( current == bids.end() ) {
      bids.emplace( bidder, [&]( auto& b ) {
         b.newname = newname;
         b.high_bidder = bidder;
         b.high_bid = bid.amount;
         b.last_bid_time = current_time();
      });
   } else {
      eosio_assert( current->high_bid > 0, "this auction has already closed" );
      eosio_assert( bid.amount - current->high_bid > (current->high_bid / 10), "must increase bid by 10%"
      eosio_assert( current->high_bidder != bidder, "account is already highest bidder" );

      INLINE_ACTION_SENDER(eosio::token, transfer)( N(eosio.token), {N(eosio.names),N(active)},
                                                    { N(eosio.names), current->high_bidder, asset(current-
                                                    std::string("refund bid on name ")+(name{newname}).to_

      bids.modify( current, bidder, [&]( auto& b ) {
         b.high_bidder = bidder;
         b.high_bid = bid.amount;
         b.last_bid_time = current_time();
      });
   }
} « end bidname »

/**
```

图 3-6　搜索 system_contract::bidname

3.6　EOS 编程开发工具

因为 EOS 底层是基于 C++开发的，目前智能合约也使用 C++语言，所以本书推荐两个比较适合 C++开发的工具。

3.6.1　Visual Studio Code

推荐 Visual Studio Code 主要是因为其对 C++语言、Docker 和软件本身的跨平台性都做得很好。

其最重要的两个关键特性如下。

（1）跨语言——在安装相应的插件后，能编写市面上几乎所有编程语言的代码。因此在 EOS 编程中，不管是 JavaScript 前端代码、Node.js 后端代码、C++智能合约代码，还是配置文件，一个编辑器就能搞定，节省了大量的精力。

（2）跨平台——不管 Windows、Mac OS 还是 Linux 用起来都是一样的。在下载安装完毕之后，按下 Ctrl+Shift+X 组合键（在 Mac OS 下为 Command + Shift + X 组合键），或者单击“查看”→“扩展”，打开扩展窗口，然后在搜索栏输入 Docker，安装由微软出品的“Docker”和 Jun Han 出品的“Docker Explorer”两个插件。

3.6.2 CLion

JetBrains 开发的 CLion 是一个好用的 C++ IDE。CLion 是一款商业产品，但它也提供免费试用。

CLion 使用 CMake 来构建项目，因此，为了用 CLion 编写 EOS 智能合约，我们需要一个 CMakeLists.txt 文件来指导 CLion 如何执行构建。用于构建 EOS 智能合约的 CMakeLists.txt 需要一些特殊配置，这是因为我们必须使用 WASM32 交叉编译器。

除了使 CLion 正确地解决其依赖关系，启用“代码洞察”功能，CMakeLists.txt 还包含用于构建使智能合约注入区块链所需的 wast 文件的说明。这意味着 CMakeLists.txt 能有效地替代传统上用于构建智能合约的 eosiocpp，并与工具整合在一起，实现更好的自动化流程。

3.7 技术社区

1. Stack Exchange

若在开发过程中碰到问题，可以去 Stack Exchange 上面搜索问题，通常能够找到答案。

2. EOSdata.io

这是中文的 EOS 区块链开发者社区，可以在其中找到中文开发资料，也可以加入相关微信群参与技术讨论。

3.8 总结

本章主要介绍如何安装并启动一个 EOS，通过 EOS 本身提供的命令行工具与区块链进行交互，同时也简单介绍了 EOS 源代码的基本结构，以及常用的编程工具等。

在第 4 章中，我们将在准备好开发工具和环境的情况下开始学习 EOS 智能合约的编写方法。

第 4 章 编写智能合约

4.1 什么是 EOS 智能合约

在真实世界中，合约本质上就是对大家都同意的一组输入（Input）经过处理（Action）的输出结果（Outcome）的治理。合约的类型可以是法律智能合约，也可以是其他，但都是对某种“游戏规则”的定义。其处理的内容可以是资金的转账等。

EOS 智能合约是写在 EOS 区块链上的程序，然后由超级节点来运行。智能合约定义了接口（Action、参数、数据结构）以及实现接口的代码。这些智能合约代码被编译成字节码形式由超级节点来执行。区块链保存了所有智能合约的记录。每一个智能合约必须实现相应的李嘉图合约，从而绑定法律相关条款。

4.2 C/C++

基于 EOS.IO 的区块链使用的是 WebAssembly（WASM）来执行用户编写的智能合约。WASM 是一种新兴的 Web 标准，谷歌、微软、苹果等公司都提供了支持。对编写 WASM 标准的智能合约来说，使用 Clang/LLVM 和它的 C/C++编译器是目前最成熟的编译工具链。

开发中其他的第三方工具链包括 Rust、Python 和 Solidity 等。虽然这些语言看起来相对简单，但它们可能会影响你所编写的智能合约的性能。对于开发高性能和安全的智能合约来说，C++是最好的语言，将来 EOS 的智能合约还会继续支持 C++。

4.2.1　预处理和头文件

代码的开头声明了头文件，主要是 EOS 智能合约的 API 库：

```
//预处理指令，防止文件被重复包含
#pragma once
//EOS 资产（asset）头文件
#include<eosiolib/asset.hpp>
//EOS 智能合约的 API 库
#include<eosiolib/eosio.hpp>
```

4.2.2　构造函数

智能合约的类名可以与智能合约名不同，智能合约名是其账户名。构造函数为空，参数为智能合约账户名：

```
//每个智能合约类都要继承 contract 类
classtoken :public contract {
   public:
      //类构造函数
      token( account_name self ):contract(self){}
```

4.2.3　私有函数

私有函数都是工具函数，供类内部的其他函数调用。

4.2.4 公有函数

EOS 智能合约中的公有函数大多数是供别的账户调用的 Action，根据 hpp 文件，我们需要实现 create、issue、transfer 这 3 个公有函数（Action）。

4.2.5 设置 Action

EOS 系统的智能合约是以 Action 为基本操作单位的，我们要将需要声明为 Action 的函数告知 EOS 系统，通过以下宏即可实现：

```
//将 create、issue、transfer 这 3 个公有函数声明为 Action
//供其他账户调用
EOSIO_ABI( eosio::token, (create)(issue)(transfer) )
```

4.2.6 .h、.hpp 和.cpp 文件

1. 头文件

没有.h 文件，程序也能正常工作。.h 文件中包含了一些公共的内容，所有需要使用公用函数的.cpp，只需用#include 包含即可；.h 文件做的是类的声明，包括类成员的定义和函数的声明。

与.h 文件类似，.hpp 文件是 C++程序的头文件和一般模板类的头文件。

一般来说，.h 文件里只有声明，没有实现，而.hpp 文件里声明和实现都有，.hpp 文件可以减少.cpp 文件的数量。

2. 程序文件

“#include” 不是指令，它只是将指定文件的内容原封不动地复制进来。

所有的内容都放在一个.cpp 文件内，编译器会将这个.cpp 文件编译成.o 文件，即编译单元。一个程序可以由一个编译单元组成，也可以由多个编译单元组成。一个.cpp 文件对应一个.o 文件，然后将所有的.o 文件通过链接器链接起来，组成一个可执行程序。如果一个.cpp 文件要用到另一个.cpp 文件定义的函数，需要在第一个.cpp 文件中写上另一个.cpp 文件的函数声明。

.cpp 文件的开头一般是#include".h"，相当于把.h 文件的内容复制到.cpp 文件的开头，这与将内容全部写在.cpp 文件中其实是一样的。

4.3 WebAssembly

EOS 使用 WebAssembly 对智能合约的 C++代码进行编译和执行，其核心原因就是 WebAssembly 性能好。

JavaScript 是一个叫 Brendan Eich 的开发者用 10 天时间做出来的。因此，JavaScript 存在一些“天坑”，其最大的问题是性能慢。随着 Web App 越来越复杂，这个“慢”渐渐变得不可忍受。然后，各种解决方案被提出，最新潮的一种就是 WebAssembly——使用 C++代码编译为 wast 文件，然后 Node.js 能直接执行这个文件，从而使其运行速度变得非常快，乃至 Web App 有望达到原生 App 的性能。

WebAssembly 是一种新的字节码格式，缩写是 WASM，提供了一种新的底层安全的二进制语法。WebAssembly 的技术原理比较复杂，本书就不展开了，. 可以参考相关资料。

除了 C/C++，还有其他更多的编程语言，比如 Java，都属于编译型语言。而浏览器是无法运行编译型语言的，只能运行另一类编程语言——解释型语言。

编译型语言是把源代码先编译为机器码（也就是可执行程序，比如.exe文件），运行时只需要把机器码交给 CPU 执行即可。编译型语言的优点是运行速度快、效率高，缺点是可移植性差。

解释型语言直接以源代码的形式出现，运行时再解析为机器码并执行。所有的脚本语言（比如，JavaScript）都是解释型语言。解释型语言的特点是不能独立存在，必须寄生在其他程序（比如，浏览器）内。

因此，WebAssembly 就像是一个编译器，让运行环境（浏览器或者 EOS 节点）能看懂 C/C++代码。

WebAssembly 在性能和跨平台兼容性之间取得了很好的平衡，通过将原始代码编译成字节码，使代码可以在多个平台的 WASM 虚拟机（或者叫解释器）中执行。该技术得到了苹果和谷歌等科技巨头的支持，被誉为下一代互联网前端技术。目前的 WebAssembly 技术支持 C/C++语言，开发了 JavaScript 接口，并被 Chrome、Edge、Safari、Firefox 等几乎所有的主流浏览器支持。

4.4 ABI

ABI 全称 Application Binary Interface，中文名是“应用程序二进制接口”。顾名思义，其是一个接口文件，描述了智能合约与上层应用之间的数据交换格式。ABI 文件格式类似 JSON，具备很好的可读性，有利于智能合约工程师与上层应用工程师之间的工作衔接。

EOS 智能合约的 ABI 文件由 5 部分组成：

```
{
   "types":[...],                    //定义类型的别名
   "structs":[...],                  //各个类型的数据结构
   "actions":[...],                  //智能合约的 Action
   "tables":[...],                   //数据结构体
   "ricardian_clauses":[...]  //李嘉图条款
}
```

以 eosio.token 智能合约为例，可以在 contracts/eosio.token/eosio.token.abi 文件中查看到该智能合约的 ABI 结构。

从简单易用的角度出发，EOS 编写了一个工具 eosiocpp，它可以创建一个新的智能合约（即 3 个合约文件），也可以用于生成 ABI 文件和编译智能合约。

1. 创建一个空的新项目

下面的命令会在./\({project}目录下创建一个空项目：

```
$ eosiocpp -n ${contract}
```

创建的空项目会包含如下这 3 个文件：

- \${contract}.abi
- \${contract}.hpp
- \${contract}.cpp

其中，${contract}.hpp 是智能合约的头文件，可以包含一些变量、常量和函数的声明；${contract}.cpp 是智能合约的源码文件，包含智能合约的具体实现。

默认使用 eosiocpp 生成.cpp 的结构：

```
#include <${contract}.hpp>
/**
 *init()和 apply()函数必须符合 C 语言惯例，从而能够被区块链查找和调用
 */
extern "C" {
    /**
     *  在发布和更新智能合约时调用 init 方法
     */
    void init()  {
       eosio::print( "Init World!\n" ); //用实际代码代替
    }
    ///apply()函数实现了智能合约的 Action 发送
    void apply( uint64_t code, uint64_t action ) {
       eosio::print( "Hello World: ", eosio::name(code), "->",
                     eosio::name(action), "\n" );
    }
}
```

在这个例子中，我们可以看到两个函数 init()和 apply()。它们会打印日志并且不做任何检查。任何人都可以在任何时刻执行超级节点允许的所有 Action。在不需要任何签名的情况下，智能合约将被计入带宽消耗。下面分别介绍这两个函数。

（1）init()函数

init()函数仅当第一次部署智能合约的时候执行。在这个函数里可以初始化变量，比如，初始化 currency 智能合约 Token 的总供应量。

（2）apply()函数

apply()函数是一个中转函数，它监听所有传入的 Action，并且根据 Action 调用智能合约相应的函数。apply()函数需要两个参数 code 和 action，下面分别进行介绍。

- 过滤 code 参数

这个参数是为了对 action 做出回应，比如下面的函数，你可以构造一个通用响应去处理 code：

```
if (code == N(${contract_name}) {
    //响应特定 code 的处理函数
}
```

当然，你也可以为每个 action 构造各自的响应。

- 过滤 action 参数

为了响应每一个 action，比如构造下面的函数，你可以构造一个通用响应去处理 action：

```
if (action == N(${action_name}) {
    //响应特定 action 的处理函数
}
```

2. wast

任何智能合约程序若想部署到 EOS.IO 的区块链网络中，都必须编译成 WASM 格式。这是 EOS 唯一支持的格式。

一旦你的.cpp 文件编写好了，就可以用 eosiocpp 把它编译成 WASM（.wast）文件：

```
$ eosiocpp -o ${contract}.wast ${contract}.cpp
```

3. 生成 ABI 文件

ABI 文件可以通过.hpp 文件使用 eosiocpp 命令生成：

```
$ eosiocpp -g ${contract}.abi ${contract}.hpp
```

下面这个例子展示了一个 ABI 文件的框架：

```
{
  "types": [{
      "new_type_name": "account_name",
      "type": "name"
    }
  ],
  "structs": [{
      "name": "transfer",
      "base": "",
      "fields": {
        "from": "account_name",
        "to": "account_name",
        "quantity": "uint64"
      }
    },{
      "name": "account",
      "base": "",
      "fields": {
        "account": "name",
        "balance": "uint64"
      }
    }
  ],
  "actions": [{
      "action": "transfer",
      "type": "transfer"
    }
  ],
  "tables": [{
      "table": "account",
      "type": "account",
      "index_type": "i64",
      "key_names" : ["account"],
      "key_types" : ["name"]
    }
  ]
}
```

这个 ABI 文件定义了一个 Action，其名字是 transfer，类型是 transfer。这就是告诉 EOS，当调用的 Action 是 transfer 时，它的格式是 transfer，定义如下：

```
"structs": [{
    "name": "transfer",
    "base": "",
    "fields": {
      "from": "account_name",
      "to": "account_name",
      "quantity": "uint64"
    }
  }]
```

ABI 文件由很多部分组成，比如 from、to 和 quantity。每个部分都有自己的类型，比如 account_name 和 uint64。account_name 是一个内建类型，用 base32 字符串表示 uint64。

在下面的 types 数组中，我们为已经存在的 account_name 类型定义了一个别名 name：

```
{
 "types": [{
    "new_type_name": "account_name",
    "type": "name"
   }
 ],
```

4.5　通信模式

EOS.IO 智能合约以 Action 和访问共享内存数据库（Shared Memory Database Access）的形式通信，例如，智能合约可以用异步感应（Async Vibe）读取另一个智能合约数据库的状态，只要它包含在同一个事务的读取范围内。

异步通信可能导致资源浪费，系统会通过限制算法解决这个问题。

在智能合约中可以定义如下两种通信模式。

- Inline：保证在当前的 transaction 或 unwind 中执行。结果无论成功还是失败，都不会发出任何通知。Inline 操作与 original transaction 具有相同的范围和权限。
- Deferred：将被 BP 节点安排在之后执行，有可能会通知通信的结果或者超时。Deferred 可以带着调用者的授权延伸到不同的范围。

4.5.1 Action

每个账户可以发送结构化的操作（Structured Action），并且可以定义代码来处理收到的操作。EOS 为每个账户提供自己的私有数据库，只能由该账户的操作处理程序（Action Handler）访问。除此之外，操作处理程序还可以发送操作到其他账户。

在 EOS 中，这就叫作 Action，Action 表示别人可以对智能合约做什么操作，所有智能合约代码都是对 Action 的回应，是被动的。

操作与自动化操作处理程序相结合，便是 EOS 定义的智能合约。

Action 的类型是 base32，被编码为 64 位整数，这意味着它的字符集长度是 12，并且只能包含 a~z、1~5 和'.'。如果其长度超过 12，会自动截取前 12 个符合规则的字符作为 Action 的名字。

4.5.2 Transaction

收到一个 Transaction 并不意味着这个 Transaction 已经被确认，它仅仅说明这个 Transaction 被一个 BP 节点接收并且没有错误，当然也意味着很有可能这个 Transaction 被其他 BP 节点接收了。

当一个 Transaction 被包含在一个区块中的时候，它才是可以被确认执行的。

Action 表示单个操作，而 Transaction 是一个或多个 Action 的集合。Action 是智能合约和账户之间进行通信的方式。Action 可以单独执行，或者组合起来作为一个整体执行。

4.6 控制结构

除了智能合约 C++程序中的逻辑控制结构，EOS 还提供了对定时转账（Deferred Transaction）功能的支持。定时转账功能有利于开发运行时间比较久的流程和 DApp。

4.7 数据类型

EOS 智能合约的类型定义在 types.h 文件中，主要包括以下这些主要的类型。

4.7.1 自定义类型

//账户名

```
typedef uint64_t account_name;

//权限名

typedef uint64_t permission_name;

//代币名

typedef uint64_t token_name;

//数据表名

typedef uint64_t table_name;

//时间

typedef uint32_t time;

//scope（域）名

typedef uint64_t scope_name;

//action（操作）名

typedef uint64_t action_name;

//region（范围）id

typedef uint16_t region_id;

//资产符号

typedef uint64_t asset_symbol;
```

```
//分片类型
typedef int64_t share_type;
//权重类型
typedef uint16_t weight_type;
```

这些自定义类型都是整数类型的，它们定义于 Linux 下 musl C 库的 stdint.h（标准整型）头文件中。

4.7.2　结构体

```
//公钥
struct public_key {
char data[34];
};
//签名
struct signature {
uint8_t data[66];
};
//sha-256 校验码
struct checksum256 {
```

```
uint8_t hash[32];
};
//RIPEMD-160 校验码
struct checksum160 {
uint8_t hash[20];
};
//sha-512 校验码
struct checksum512 {
uint8_t hash[64];
};
//16B 字符串
struct fixed_string16 {
uint8_t len;
char str[16];
};
//32B 字符串
struct fixed_string32 {
```

```
uint8_t len;
char str[32];
};
//账户权限
struct account_permission {
account_name account;
permission_name permission;
};
```

4.7.3 结构体的别名

```
//事务（交易）ID 类型
typedef struct checksum256 transaction_id_type;
//字段名
typedef struct fixed_string16 field_name;
//类型名
typedef struct fixed_string32 type_name;
```

4.8 EOS 智能合约数据库

4.8.1 什么是 EOS 智能合约数据库

EOS 中的智能合约会涉及持久化的场景需求。比如，一个 Action 在执行时会有上下文变量出现，包括事务机制的处理，这些内容会应用链上分配的内存资源，而如果没有持久化技术，当执行超过作用域时，就会丢掉这些上下文数据。

在智能合约执行完毕后，所占用的内存会被释放。程序中的所有变量都会丢失。如果在智能合约中要持久地记录信息，比如，游戏智能合约要记录每位用户的游戏记录，本次合约执行完毕后数据不能丢失，这时就需要将数据存储到 EOS 数据库中。与数据库交互的 API 被官方称为 Persistence API，中文可以叫作持久化 API。

持久化技术应该包括如下这些。

（1）用于在数据库中保持状态的服务。

（2）增强查询功能以查找和检索数据库内容。

（3）把 C++ API 提供给这些服务，供智能合约开发者使用。

因此，EOS 提供了多重索引数据库（eosio::multi_index），为方便理解，我们也称其为 EOS 智能合约数据库，如图 4-1 所示。

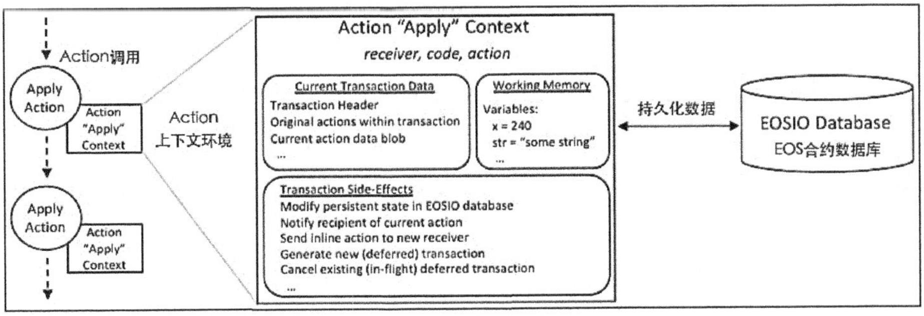

图 4-1　EOS 智能合约数据库

4.8.2　多重索引数据库 API（Multi-Index API）

EOS 仿造了 Boost 库中的 Multi-Index Containers，开发了 C++类 eosio::multi_index（以下简称为 multi_index），中文也可以叫作多索引列表类。

通过这个 API，我们可以很简单地支持数据库表的多键排序、查找项目、使用上下限等功能。这个新的 API 使用迭代器接口，可显著提升扫表的性能。

现在也可以在 64 位、128 位、256 位、512 位整数和 64 位浮点（双精度）数上，以及字符串上使用索引。

multi_index 可以在概念上被视为传统数据库中的表格，其中行是容器中的单个对象，列是容器中对象的成员属性，并且通过索引对某一列进行快速查找。

传统的数据库表的索引其实就是表中某些数据列的用户自定义函数。multi_index 同样允许索引是任何用户自定义函数，但其返回值仅限于受支持的一组受限密钥类型之一。

传统数据库表通常有唯一的主键，它允许明确标识表中的特定行，并为表中的行提供标准排列顺序。multi_index 支持类似的语义，但是在 multi_index 容器中该对象的主键必须是唯一的无符号 64 位整数。multi_index 中的对象容器按主键索引，以无符号 64 位整数主键的升序排列。

这是灵活性和开发简便性的显著改进，因为现在可以在同一个表上拥有几乎无限数量的索引字段。

你可以在 EOS 代码仓库的/contracts/eosiolib/multi_index.hpp 中查看 multi_index 头文件的具体内容。

在 EOS 超级节点硬盘中，为每个账户都预留了数据库空间（大小与代币持有量有关），每个账户名下可以建立多个数据表。智能合约无法直接操作存储在见证人硬盘中的数据表，需要使用 multi_index 作为中间工具（或者叫容器），每个 multi_index 实例都与一个特定账户的特定数据表进行交互（取决于实例化时的参数）。

4.8.3 数据表

multi_index 是一个非常方便的数据库交互容器，可以存储任何 C++数据类型。每一个 multi_index 都相当于传统数据库的一个数据表（table），但将传统数据库的行与列的形式改为了单纯的列。也就是说，multi_index 是一个线性排列的表，只有 1 列，每一行都只存储一个对象。但是一般来说，multi_index 存储的对象都是结构体或者类，里面含有多个成员变量，所以 multi_index 存储数据的灵活性也不亚于传统数据库。

我们以班级成员列表为例，multi_index 数据表存储的每个项目都有如下结构体：

```
struct member_rec {
   uint64_t       pkey;          //主键
   account_name    name;          //姓名
   uint32_t       birth_date;    //出生日期
   uint32_t       gender;        //性别
};
```

在传统数据库中，需要建立一个 4 列的数据表，用来存储每个用户的这 4 类数据，而 multi_index 的每个数据表只有 1 列，只存储每个用户的 member_rec 结构体即可。

4.8.4 多索引

每个数据表要有一组主键，主键必须是无符号 64 位整数（64-bit integer），这就是上面的 member_rec 结构体中的第一个变量为 uint64_t 类型的原因。

在数据表中，所有的对象都按照主键升序排列，小的在前，大的在后。主键可以是有意义的，也可以是没有意义的，让系统自动生成一个这个数据表没有使用过的主键即可。

为了设置主键，我们需要在之前的 member_rec 结构体中添加一个叫作 primary_key()的成员函数的返回值作为主键：

```
auto primary_key() const { return pkey; }
```

这样就将 pkey 变量设置成为主键。

从字面上看，multi_index 就是能使用多个索引的数据表。在 EOS 中，每个 multi_index 或者每个数据表都可以设置最多 16 个索引。索引相当于使用特定的方式对数据表中的对象重新排序。EOS 数据库索引更加灵活，可以单独按照结构体中的某个变量进行索引，也可以对变量之间的运算结果

（函数输出）进行索引。如果我们想对用户名进行索引，需要在结构体中添加一个 get_name()成员函数，函数的返回值即为索引变量：

```
name get_name()const { return name; }
```

这样就将 name 变量设置成为数据表的一个索引。

4.8.5 迭代器

multi_index 使用迭代器（Iterator）操作数据表中的每个对象。

如果读者感兴趣，可以搜索“C++迭代器”或者设计模式中的“迭代器模式”来了解迭代器的设计思路。

在 EOS 数据库中，迭代器就像一部“电梯”，在整个数据表中上下穿梭。所有对数据的操作都必须通过迭代器完成。

4.8.6 使用 multi-index 表

在定义好存储数据之后，就可以与数据库交互了，下面进行详细的介绍。

1. 新增数据

新增数据需要用到 multi_index 的 emplace 方法：

```
const_iterator emplace( unit64_t payer, Lambda&& constructor )
```

其中的 payer 参数为存储空间的支付账户，也就是由谁来提供新加入的数据对象的存储空间。

constructor 是一个 Lambda 表达式，也叫匿名函数，向 emplace 方法传入了一个构造函数，用来构造这个新的数据对象：

```
    member_table.emplace(mechanic,/*<-存储空间的支付账户*/
[&]( auto& s_rec ) {
        s_rec.pkey = service_table.available_primary_key();
        /*<-系统生成可用主键*/
        s_rec.name = eosio::chain::string_to_name(name);
        s_rec.birth_date = birth_date;
        s_rec.gender = gender;
    });
```

其中的 name、birth_date、gender 要使用实际应用中有意义的变量。

2. 查询数据

由于 member_table 数据表的主键是没有意义的，所以需要使用 byname 索引来根据账户名（name）查询数据：

```
    auto name_index = member_table.template
get_index<N(byname)>();
```

这样就得到了 byname 索引，我们可以使用索引的 find 方法来按照索引查找特定 name 的数据对象：

```
    //建立要查找的账户，注意这里的 name 要使用有意义的字符串
    account_name acct = eosio::chain::string_to_name(name);
    //使用 find 方法查找数据，使 cust_itr（迭代器）指向所需数据
    auto cust_itr = customer_index.find(customer_acct);
```

如果没有查找到，cust_itr（迭代器）就是 member_table.end()，即搜索到最后也没有找到对应的数据。如果查找成功，cust_itr（迭代器）就会指向所需数据。

使用下面的代码可以遍历数据表中我们需要的所有条目：

```
    while (cust_itr != member_table.end() /*<-判断迭代器位置*/&&
cust_itr->customer == customer_acct/*<-判断数据是否符合需求*/) {
        //业务逻辑，对数据进行处理
        cust_itr++;//迭代器自增，指向下一条数据
    }
```

3. 修改数据

在迭代器指向数据后，可以使用 modify 方法对数据进行修改：

```
    member_table.modify(cust_itr,/*<-迭代器*/, mechanic, /*<-存储
空间的支付账户*/ [&]( auto& s_rec )/*<-匿名函数*/ {
        s_rec.name = new_name;
        s_rec.birth_date = new_birth_date;
        s_rec.gender = new_gender;
    });
```

匿名函数中的 new_name、new_birth_date、new_gender 为需要修改的值。

4. 删除数据

在迭代器指向数据后，可以使用 erase 方法对数据进行删除：

```
    service_table.erase( cust_itr/*<-迭代器*/ );
```

在 EOS 数据库中还有很多 API 可以供智能合约使用，读者可以查阅官方 Wiki 了解更多内容。

4.9 eosio 账户

eosio 账户是系统的保留账户，其子账户的功能如下。

- eosio.bpay：矿工获取出块奖励的临时代管账户，增发 EOS 代币的 1%中的 25%会先转到这个账户。
- eosio.msig：多重签名管理的账户。
- eosio.names：靓号账户拍卖管理的账户。
- eosio.ram：内存买卖管理的账户。
- eosio.ramfee：内存买卖收取手续费的账户，按照每笔交易 5‰的费率收取手续费。
- eosio.saving：增发 EOS 代币的临时存放账户，增发总量 5%，其中 80%放在此账户，另外 20%再分成 25%和 75%，分别给 eosio.bpay 和 eosio.vpay。
- eosio.stake：管理 EOS 抵押的账户。
- eosio.token：发行和管理 Token 的账户。
- eosio.vpay：矿工按照获得投票的比例获取奖励的临时代管账户，增发 EOS 代币的 1%中的 75%会先转到这个账户。

4.10 eosiolib 库

当编写 EOS 智能合约时，eosiolib 库是经常要使用的开发库，其目录在 eos/contracts/eosiolib/下。eosiolib 库目录如图 4-2 所示。

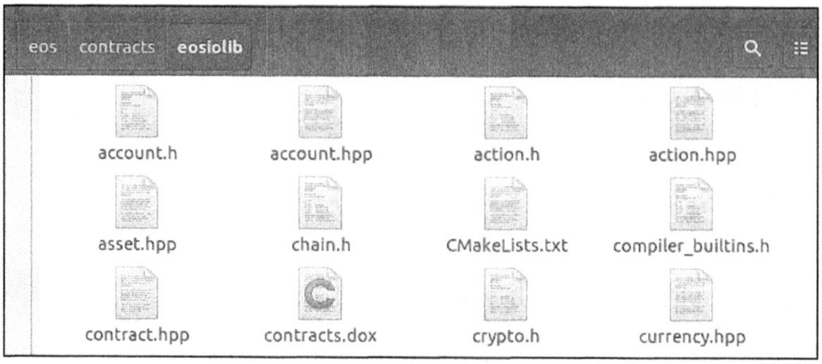

图 4-2 eosiolib 库目录

在 eosiolib 库中有很多源代码文件，以.hpp 和.h 头文件为主。eosiolib 库中的文件关系如图 4-3 所示。

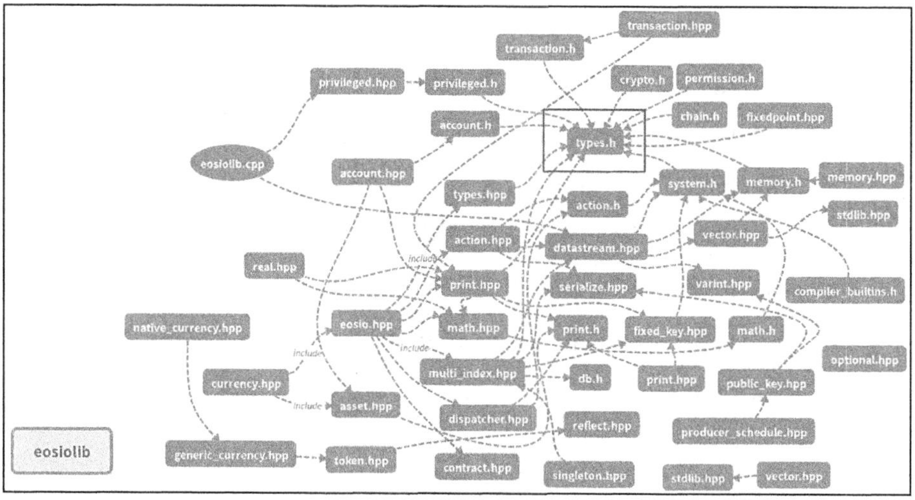

图 4-3 eosiolib 库中的文件关系

这些库对应的功能如下。

- Account API：查询账户数据的 API。
- Chain API：查询链内部状态的 API。
- Database API：存储和检索 EOS.IO 区块链的数据 API。
- Math API：定义常用的数学函数。

- Action API：定义用于查询操作属性的 API。
- Memory API：定义常用的记忆功能。
- Console API：使应用程序能够记录/打印文本消息。
- System API：定义用于与系统级内部函数进行交互的 API。
- Token API：定义用于与标准兼容的令牌消息和数据库表进行交互的 API。
- Transaction API：定义用于发送事务和内联消息的 API。

API 的具体细节本书就不展开讨论了，其中的具体函数和用法可以查看 EOS 官方文档。

4.11　系统合约

系统合约是 EOS 安装包中默认存在的那些合约，其中有些合约在 EOS 主链启动时已完成部署，有些则未必会被部署，而是允许用户自行部署，具体包括的合约可浏览 eos/contracts 文件夹。

4.11.1　eosio.bios 智能合约

在启动第一个 EOS 出块节点后，首先加载 eosio.bios 智能合约，然后添加其他出块节点，创建账户，加载其他智能合约等。

通过此合约，我们一方面可以直接控制其他账户的资源分配，另一方面可以访问其他的 API 调用。为了便于理解，我们可以把它与传统电脑的 BIOS 类比，所有电脑开机的时候都可以进入一个 BIOS 界面，在其中进行最基础的配置，而 eosio.bios 智能合约就是让我们能进行 EOS 底层配置的智能合约，其他智能合约的运行建立在 eosio.bios 智能合约的基础之上。

eosio.bios 智能合约源码所在的路径如图 4-4 所示。

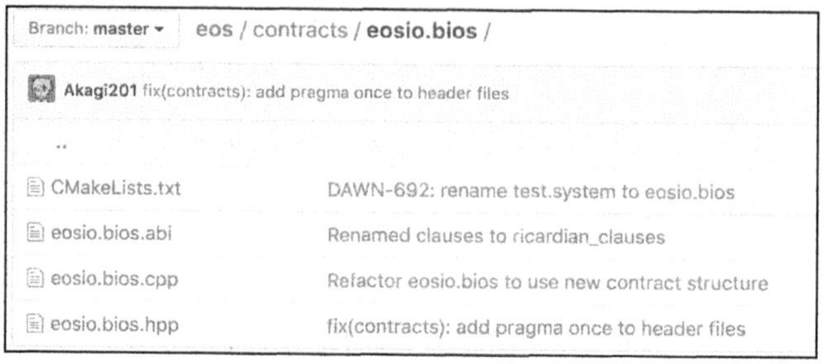

图 4-4　eosio.bios 智能合约源码所在的路径

eosio.bios.hpp 中实现了 5 个方法，分别是 setpriv、setalimits、setglimits、setprods、reqauth，具体介绍如下。

- setpriv 方法：设置账户的权限。在 reqauth 获得授权之后，通过 setpriv 方法设置账户的权限。
- setalimits 方法：设置账户的资源使用限制。在 reqauth 获得授权之后，通过 setalimits 方法设置账户的资源使用限制。
- setglimits 方法：设置全局的资源使用限制。
- setprods 方法：设置一个账户为出块节点。在 reqauth 获得授权之后，通过 setprods 方法设置出块节点。我们通过 cleos 的 setprods 命令，最终调用的就是 setprods 方法：

```
   cleos push action eosio setprods "{ \"version\": 1,
\"producers\": [{\"producer_name\":
\"inita\",\"block_signing_key\":
\"EOS6hMjoWRF2L8x9YpeqtUEcsDKAyxSuM1APicxgRU1E3oyV5sDEg\"}]}"
-p eosio@active
```

- reqauth 方法：其具体实现可以查看文件 eos/libraries/chain/wasm_interface.cpp。

总结一下，eosio.bios 智能合约就是用来设置资源使用限制、用户权限、出块节点的。

4.11.2　eosio.token 智能合约

该智能合约允许在同一个智能合约上创建并运行许多不同的 Token，但这些 Token 可能由不同的用户管理。

在部署 eosio.token 智能合约之前，必须创建一个账户来部署它。这里创建的账户名是 eosio.token，当然也可以用其他账户名。

4.11.3　exchange 智能合约

该智能合约提供了创建和交易 Token 的功能。

4.11.4　eosio.msig 智能合约

该智能合约允许多方异步签署单个交易。作为基础功能，EOS.IO 提供了多重签名（multisig）功能的支持，但它需要一个同步侧通道，数据在这个通道中传输并签名。eosio.msig 是一个对用户更加友好的方式，异步提出、批准并最终发布多方同意的交易。

以下步骤可用于部署 eosio.msig 智能合约：

```
    $ cleos create account eosio eosio.msig
EOS7ijWCBmoXBi3CgtK7DJxentZZeTkeUnaSDvyro9dq7Sd1C3dC4
EOS7ijWCBmoXBi3CgtK7DJxentZZeTkeUnaSDvyro9dq7Sd1C3dC4
    #        eosio <= eosio::newaccount
{"creator":"eosio","name":"eosio.msig","owner":{"threshold":1,
"keys":[{"key":"EOS7ijWCBmoXBi3CgtK7DJ...
    $ cleos set contract eosio.msig build/contracts/eosio.msig -p
```

```
eosio.msig
    Reading WAST...
    Assembling WASM...
    Publishing contract...
    executed transaction:
a113a7db8c878dfd894671792770b59a04efb3aa8295f5b3d585daf89c314e
c9  8964 bytes  10000 cycles
    #        eosio <= eosio::setcode
{"account":"eosio.msig","vmtype":0,"vmversion":0,"code":"00617
36d0100000001bd011b60047f7e7e7f0060047...
    #        eosio <= eosio::setabi
{"account":"eosio.msig","abi":{"types":[{"new_type_name":"acco
unt_name","type":"name"},{"new_type_na...
```

4.12 李嘉图合约（Ricardian Contract）

李嘉图合约指的是人与机器都能读懂的合同。截至本书写作时的 EOS.IO 1.0 版本，李嘉图合约还在开发完善中，所以本书主要以讨论其概念为主。

按要求，所有的 EOS 智能合约都需要匹配一份“李嘉图合约”，它相当于一份法律文件，规定与智能合约发出的每个操作（Action）相关的被法律约束的行为（Behavior）。不仅每份智能合约能匹配一份李嘉图合约，而且 EOS 的“宪法”也需要规范为李嘉图合约。另外，李嘉图合约的发明者 Ian Grigg 也是 EOS 的团队成员。

那么李嘉图合约到底有什么用呢？

因为原有支付系统中的金融工具已经跟不上与时俱进的需求了，所以李嘉图合约想要构建的是一个可读文档，带有可验证的数字签名以及与每条记录链接的不可伪造的标识符。

以上每一个定语都有重要的含义：确定每个文件描述了什么；其描述是否准确；这准确描述的内容是否确实经签约各方同意；怎么保证各方同意确实是当事人签署的。

对不同的人来说，对同一个事情的理解会不同。可能 A 觉得这件事的结果只有 X，但是 B 觉得要是 X 不可行的话还有 Y 和 Z，而且之前的认知和合约中都没有提到过这件事，在这种情况下，当结果不如意的时候，就会产生分歧。用数字化的李嘉图合约描述合约，可将每一个可能的操作都关联起来，尽量减少非共识的部分。

4.13　应用实践 1：Hello World

4.13.1　你的第一个 EOS DApp

在上手操作系统的时候，一般会编写一个 Hello World 程序，主动输出一句话。但此处不一样，我们编写的是一个智能合约，智能合约强调的是互动，在 EOS 中叫作 Action，Action 表示别人可以对智能合约做什么操作，所有的智能合约代码都是对 Action 的回应，是被动的。

4.13.2　搭建智能合约测试环境

1. 启动私有区块链

使用以下命令启动单节点区块链：

```
    $ nodeos -e -p eosio --plugin eosio::wallet_api_plugin
--plugin eosio::chain_api_plugin --plugin
eosio::account_history_api_plugin
```

该命令设置了许多选项，并加载了一些可选的插件，我们将在本应用实践的其余部分中使用这些插件。假设一切正常，你应该每 0.5s 看到一次块生成消息：

```
    c/cpp eosio generated block 046b9984... #101527 @
2018-04-01T14:24:58.000 with 0 trxs
```

这意味着你的本地区块链处于活动状态，能生成区块并已可以使用。

2. 创建一个钱包

钱包是一个私钥库，是在区块链上执行操作所必需的授权私钥库。这些密钥存储在你的磁盘上，并使用钱包密码进行加密：

```
$ cleos wallet create

Creating wallet: default
Save password to use in the future to unlock this wallet.
Without password imported keys will not be retrievable.
"PW5JuBXoXJ8JHiCTXfXcYuJabjF9f9UNNqHJjqDVY7igVffe3pXub"
```

为了实现这个简单的开发环境和管理你的钱包，我们在启动 nodeos 时，启动了 eosio::wallet_api_plugin 插件，你的钱包是通过该插件进行管理的。任何时候你重新启动 nodeos，都必须先解锁你的钱包，然后才能使用其中的密钥：

```
    $ cleos wallet unlock --password
PW5JuBXoXJ8JHiCTXfXcYuJabjF9f9UNNqHJjqDVY7igVffe3pXub
    Unlocked: default
```

直接在命令行中使用密码并将其记录到 bash 历史记录中是不安全的，因此也可以在交互模式下解锁：

```
$ cleos wallet unlock
```

```
password:
```

出于安全方面的考虑，最好在不使用钱包时锁定钱包。锁定你的钱包而不关闭 nodeos：

```
$ cleos wallet lock
Locked: default
```

为了完成后续部分，还需要在钱包解锁状态下导入 eosio 的私钥（eosio 的私钥是公开的）：

```
$ cleos wallet import -n default
5KQwrPbwdL6PhXujxW37FSSQZ1JiwsST4cqQzDeyXtP79zkvFD3
```

3. 加载 eosio.bios 智能合约

现在我们有一个钱包，并且加载了 eosio 账户的密钥，然后我们可以设置一个默认的系统合约。为了开发的目的，可以使用默认的 eosio.bios 智能合约。通过此合约，可以直接控制其他账户的资源分配，并调用其他特权 API。在公开区块链中，这个系统合约将管理其他账户的 Token 抵押和解抵押操作，以为智能合约执行预留 CPU、网络带宽和内存资源。

eosio.bios 智能合约可以在你的 EOS.IO 源代码文件夹（contracts/eosio.bios）中找到。下面的命令序列都假定在 EOS.IO 源代码的根目录下执行，但是你也可以通过指定完整路径，从任意位置执行这个命令${EOSIO_SOURCE}/build/contracts/eosio.bios。命令序列如下：

```
$ cleos set contract eosio build/contracts/eosio.bios -p eosio
Reading WAST...
Assembling WASM...
Publishing contract...
executed transaction:
414cf0dc7740d22474992779b2416b0eabdbc91522c16521307dd682051af0
```

```
83  4068 bytes  10000 cycles
   #         eosio <= eosio::setcode
{"account":"eosio","vmtype":0,"vmversion":0,"code":"0061736d01
00000001ab011960037f7e7f0060057f7e7e7e...
   #         eosio <= eosio::setabi
{"account":"eosio","abi":{"types":[],"structs":[{"name":"set_a
ccount_limits","base":"","fields":[{"n...
```

这个命令序列的结果是，cleos 发起一个包含两个操作（Action）的交易（Transaction）：eosio::setcode 和 eosio::setabi。

代码定义了智能合约如何运行，ABI 文件描述了参数如何在二进制表示和 JSON 表示之间进行转换。虽然 ABI 在技术上是可选的，但为了便于使用，所有的 EOS.IO 工具都依赖它。

任何时候你执行一个交易（Transaction），都会看到如下输出：

```
   executed transaction:
414cf0dc7740d22474992779b2416b0eabdbc91522c16521307dd682051af0
83  4068 bytes  10000 cycles
   # eosio <= eosio::setcode
{"account":"eosio","vmtype":0,"vmversion":0,"code":"0061736d01
00000001ab011960037f7e7f0060057f7e7e7e...
   # eosio <= eosio::setabi
{"account":"eosio","abi":{"types":[],"structs":[{"name":"set_a
ccount_limits","base":"","fields":[{"n...
```

这可以理解为，由 eosio 账户智能合约定义的 setcode 操作，通过 eosio 账户给予的{args...}参数来执行。

这个命令的最后一个参数是-p eosio。该参数告诉 cleos，用 eosio 账户的 Active 权限签署此操作，即使用我们先前导入钱包的 eosio 账户私钥对操作进行签名。

4. 创建账户

现在我们已经建立了基本的系统合约，可以开始创建自己的账户。我们将创建两个账户 user 和 tester，需要将密钥与每个账户相关联。在这个例子中，两个账户使用相同的密钥。为此，首先为账户生成一个密钥：

```
    $ cleos create key
    Private key:
5Jmsawgsp1tQ3GD6JyGCwy1dcvqKZgX6ugMVMdjirx85iv5VyPR
    Public key:
EOS7ijWCBmoXBi3CgtK7DJxentZZeTkeUnaSDvyro9dq7Sd1C3dC4
```

然后，将这个密钥导入钱包：

```
    $ cleos wallet import
5Jmsawgsp1tQ3GD6JyGCwy1dcvqKZgX6ugMVMdjirx85iv5VyPR
    imported private key for:
EOS7ijWCBmoXBi3CgtK7DJxentZZeTkeUnaSDvyro9dq7Sd1C3dC4
```

注意：确保使用由 cleos 命令生成的实际密钥，而不是上面示例中显示的值！密钥不会自动添加到钱包，因此，跳过此步骤可能会导致你的账户失去控制权。

接下来，将使用上面创建和导入的密钥来创建两个账户 user 和 tester：

```
    $ cleos create account eosio user
EOS7ijWCBmoXBi3CgtK7DJxentZZeTkeUnaSDvyro9dq7Sd1C3dC4
EOS7ijWCBmoXBi3CgtK7DJxentZZeTkeUnaSDvyro9dq7Sd1C3dC4
    executed transaction:
8aedb926cc1ca31642ada8daf4350833c95cbe98b869230f44da76d70f6d62
42  364 bytes  1000 cycles
    # eosio <= eosio::newaccount
{"creator":"eosio","name":"user","owner":{"threshold":1,"keys"
:[{"key":"EOS7ijWCBmoXBi3CgtK7DJxentZZ...
    $ cleos create account eosio tester
EOS7ijWCBmoXBi3CgtK7DJxentZZeTkeUnaSDvyro9dq7Sd1C3dC4
```

```
EOS7ijWCBmoXBi3CgtK7DJxentZZeTkeUnaSDvyro9dq7Sd1C3dC4
    executed transaction:
414cf0dc7740d22474992779b2416b0eabdbc91522c16521307dd682051af0
83 366 bytes  1000 cycles
    # eosio <= eosio::newaccount
{"creator":"eosio","name":"tester","owner":{"threshold":1,"key
s":[{"key":"EOS7ijWCBmoXBi3CgtK7DJxentZZ...
```

注意：create account 子命令需要两个密钥，一个用于 OwnerKey（在生产环境中应保持高度安全），另一个用于 ActiveKey。在该示例中，两者使用相同的密钥。

因为我们加载了 eosio::account_history_api_plugin 插件，所以可以查询由我们的密钥控制的所有账户：

```
    $ cleos get accounts
EOS7ijWCBmoXBi3CgtK7DJxentZZeTkeUnaSDvyro9dq7Sd1C3dC4
    {
      "account_names": [
        "tester",
        "user"
      ]
    }
```

4.13.3 创建 DApp 工程

创建一个名为“hello”的新文件夹，进入该文件夹，然后使用以下内容创建一个文件“hello.cpp”（hello/hello.cpp）：

```
#include <eosiolib/eosio.hpp>
#include <eosiolib/print.hpp>
using namespace eosio;
class hello : public eosio::contract {
  public:
      using contract::contract;
```

```
        /// @abi Action
        void hi( account_name user ) {
           print( "Hello, ", name{user} );
        }
};
EOSIO_ABI( hello, (hi) )
```

在代码中定义了一个类 hello，这个类名与智能合约的账户名没关系，类中只有一个简单的方法：

```
void hi( account_name user ) {
         print( "Hello, ", name{user} );
      }
```

这就是 EOS 智能合约里的 Action，我们定义了一个叫作 hi 的 Action，参数是另一个账户名，函数体是打印一句话回应 hello。也就是说，别的账户调用这个合约的 hi Action，这个 hello 合约就会打印一句 hello 来回应。

最后一行代码：

```
EOSIO_ABI( hello, (hi) )
```

EOSIO_ABI 是一个宏，将特定类的特定方法暴露给系统，成为别的账户可以调用的 Action。

4.13.4　编译智能合约

使用 eosiocpp 工具将编写好的 hello.cpp 编译成字节码文件（.wast）：

```
$ eosiocpp -o hello.wast hello.cpp
```

然后使用 eosiocpp 工具自动生成 ABI 文件：

```
$ eosiocpp -g hello.abi hello.cpp
```

看一下生成的 ABI 文件内容：

```
{
  "____comment": "This file was generated by eosio-abigen. DO
NOT EDIT - 2018-04-16T13:37:55",
  "types": [],
  "structs": [{
      "name": "hi",
      "base": "",
      "fields": [{
          "name": "user",
          "type": "account_name"
        }
      ]
    }
  ],
  "actions": [{
      "name": "hi",
      "type": "hi",
      "ricardian_contract": "# CONTRACT FOR hello::hi## ACTION
NAME: hi\n
      ### Parameters### Parameters\nInput paramters:Input
paramters:\n
      \n
      * `user` (string to include in the output)* `user` (string
to include in the output)\n
      \n
      Implied parameters: Implied parameters: \n
      \n
      * `account_name` (name of the party invoking and signing
the contract)* `account_name` (name of the party invoking and
signing the contract)\n
      \n
      ### Intent### Intent\n
      INTENT. The intention of the author and the invoker of this
contract is to print output. It shall have no other effect.INTENT.
The intention of the author and the invoker of this contract is
to print output. It shall have no other effect.\n
      \n
```

```
        ### Term### Term\n
        TERM. This Contract expires at the conclusion of code
execution.TERM. This Contract expires at the conclusion of code
execution.\n"
      }
    ],
    "tables": [],
    "ricardian_clauses": [
   ...
     ...
     ...
   ]
   }
```

4.13.5 部署智能合约到账户

给智能合约建立一个账户，EOS 里账户和智能合约是一一对应的。使用 EOS 的 cleos 命令行工具创建账户：

```
   $ cleos create account eosio hello.code
EOS7ijWCBmoXBi3CgtK7DJxentZZeTkeUnaSDvyro9dq7Sd1C3dC4
EOS7ijWCBmoXBi3CgtK7DJxentZZeTkeUnaSDvyro9dq7Sd1C3dC4
```

在上面的命令中，hello.code 就是这个智能合约的账户名，EOS 系统的账户名要求长度在 12 个字符以内。后面两个公钥是在本地测试网络中有建立账户权限的公钥（对应本地测试网络中的 eosio 账户）。

上传智能合约：

```
   $ cleos set contract hello.code ../hello -p hello.code
```

hello.code 是只能在测试环境下使用的账户名，生产环境需要使用 12 个字符的账户名，同时需要关注部署合约账户是否有足够的资源进行合约部署。

4.13.6 调用智能合约

使用 user 账户调用 hello.code 的 hi Action：

```
$ cleos push action hello.code hi '["user"]' -p user
```

hello.code 表示执行 hello.code 合约，hi 表示执行合约里的 hi Action，'["user"]'是根据 ABI 写的传入参数，-p 参数表示使用哪个账户的权限（permission）。

以下是系统回应：

```
    executed transaction:
4c10c1426c16b1656e802f3302677594731b380b18a44851d38e8b52750728
57  244 bytes  1000 cycles
    #    hello.code <=
hello.code::hi                {"user":"user"}
    >> Hello, user
```

上面这段代码说明执行了 hello.code 合约的 hi Action，并且系统输出为“Hello, user”，智能合约成功地对 Action 进行了回应。

4.13.7 李嘉图合约

在 hello 合约文件夹中，hello_rc.md 文件的内容为 hello 合约的李嘉图合约，李嘉图合约原文如下：

```
    ### CLAUSE NAME: Warranty
    WARRANTY. The invoker of the contract action shall uphold its
Obligations under this Contract in a timely and workmanlike manner,
using knowledge and recommendations for performing the services
which meet generally acceptable standards set forth by EOS.IO
Blockchain Block Producers.
```

```
### CLAUSE NAME: Default
DEFAULT. The occurrence of any of the following shall constitute
a material default under this Contract:

### CLAUSE NAME: Remedies
REMEDIES. In addition to any and all other rights a party may
have available according to law, if a party defaults by failing
to substantially perform any provision, term or condition of this
Contract, the other party may terminate the Contract by providing
written notice to the defaulting party. This notice shall describe
with sufficient detail the nature of the default. The party
receiving such notice shall promptly be removed from being a Block
Producer and this Contract shall be automatically terminated.

### CLAUSE NAME: Force Majeure
FORCE MAJEURE. If performance of this Contract or any obligation
under this Contract is prevented, restricted, or interfered with
by causes beyond either party's reasonable control ("Force
Majeure"), and if the party unable to carry out its obligations
gives the other party prompt written notice of such event, then
the obligations of the party invoking this provision shall be
suspended to the extent necessary by such event. The term Force
Majeure shall include, without limitation, acts of God, fire,
explosion, vandalism, storm or other similar occurrence, orders
or acts of military or civil authority, or by national emergencies,
insurrections, riots, or wars, or strikes, lock-outs, work
stoppages, or supplier failures. The excused party shall use
reasonable efforts under the circumstances to avoid or remove such
causes of non-performance and shall proceed to perform with
reasonable dispatch whenever such causes are removed or ceased.
An act or omission shall be deemed within the reasonable control
of a party if committed, omitted, or caused by such party, or its
employees, officers, agents, or affiliates.

### CLAUSE NAME: Dispute Resolution
DISPUTE RESOLUTION. Any controversies or disputes arising out
of or relating to this Contract will be resolved by binding
arbitration under the default rules set forth by the EOS.IO
Blockchain. The arbitrator's award will be final, and judgment may
be entered upon it by any court having proper jurisdiction.
```

```
### CLAUSE NAME: Entire Agreement
ENTIRE AGREEMENT. This Contract contains the entire agreement
of the parties, and there are no other promises or conditions in
any other agreement whether oral or written concerning the subject
matter of this Contract. This Contract supersedes any prior written
or oral agreements between the parties.

### CLAUSE NAME: Severability
SEVERABILITY. If any provision of this Contract will be held
to be invalid or unenforceable for any reason, the remaining
provisions will continue to be valid and enforceable. If a court
finds that any provision of this Contract is invalid or
unenforceable, but that by limiting such provision it would become
valid and enforceable, then such provision will be deemed to be
written, construed, and enforced as so limited.

### CLAUSE NAME: Amendment
AMENDMENT. This Contract may be modified or amended in writing
by mutual agreement between the parties, if the writing is signed
by the party obligated under the amendment.

### CLAUSE NAME: Governing Law
GOVERNING LAW. This Contract shall be construed in accordance
with the Maxims of Equity.

### CLAUSE NAME: Notice
NOTICE. Any notice or communication required or permitted under
this Contract shall be sufficiently given if delivered to a
verifiable email address or to such other email address as one party
may have publicly furnished in writing, or published on a broadcast
contract provided by this blockchain for purposes of providing
notices of this type.
### CLAUSE NAME: Waiver of Contractual Right
WAIVER OF CONTRACTUAL RIGHT. The failure of either party to
enforce any provision of this Contract shall not be construed as
a waiver or limitation of that party's right to subsequently enforce
and compel strict compliance with every provision of this Contract.

### CLAUSE NAME: Arbitrator's Fees to Prevailing Party
```

```
    ARBITRATOR'S FEES TO PREVAILING PARTY. In any action arising
hereunder or any separate action pertaining to the validity of this
Agreement, both sides shall pay half the initial cost of arbitration,
and the prevailing party shall be awarded reasonable arbitrator's
fees and costs.

    ### CLAUSE NAME: Construction and Interpretation
    CONSTRUCTION AND INTERPRETATION. The rule requiring
construction or interpretation against the drafter is waived. The
document shall be deemed as if it were drafted by both parties in
a mutual effort.

    ### CLAUSE NAME: In Witness Whereof
    IN WITNESS WHEREOF, the parties hereto have caused this
Agreement to be executed by themselves or their duly authorized
representatives as of the date of execution, and authorized as
proven by the cryptographic signature on the transaction that
invokes this contract.
```

李嘉图合约中约定了合约的更新、违约、补救措施、纠纷解决等内容。

4.14　资源消耗限制

EOS 主网的资源有限，一般指的是带宽、算力和存储资源，而且可能会比较贵，所以编写智能合约需要考虑资源消耗的问题，应该避免不必要的资源消耗，从而降低成本，提升用户体验。

区块节点可以通过插件的方式自定义资源消耗的上限，而 DApp 开发者可以灵活选择资源消耗的模型。

4.15 调试智能合约

为了能够调试智能合约，你需要在你的本地环境中启动一个 nodeos。这个本地的 nodeos 可以是 EOS 私有测试网络或者公共测试网络。

当你第一次创建智能合约的时候，推荐你最好在你自己的私有测试网络中调试好，因为你对自己的私有测试网络有完全的掌控权。这可以让你无限制地使用 EOS，也可以随时复位它的状态。当智能合约调试完毕时，就可以部署到公共测试网络。本地先运行一个连接到公共测试网络的 nodeos，然后连接到这个节点，就可以获得日志输出了。

调试智能合约的步骤是一样的，所以下面这个方法也适用于私有测试网络中的测试。

调试最主要的方法就是用 Caveman Debugging，Printing 可以输出变量的值并且检查智能合约的流程。

Printing 可以通过下面的 API 供智能合约使用：

```
eosio::print("Code is debug\n");
```

4.16 智能合约安全性

4.16.1 溢出漏洞处理

之前以太坊上一些智能合约漏洞的大部分集中在溢出漏洞上。

EOS 区块链平台提供的智能合约编程 Math API 运算可防止这种溢出漏

洞，智能合约开发者可将 uint 类型的数据先转换成 double 类型的数据，然后使用 EOS 区块链提供 Math API 中的 double_add、double_mult 等函数进行计算，最后将计算结果再转换成 uint 类型数据输出。

double_mult 函数在进行大数相乘出现溢出的时候，会返回设定的最大值（2 的 63 次方），不会发生溢出，可以有效避免以上智能合约漏洞。

4.16.2 智能合约更新升级

EOS 智能合约并不强调不可更改性，所以对智能合约更新只需要使用 set contract 命令再发布一次即可。

BM 也曾说道，要求程序员开发完全没有 Bug 的代码是不合适的，EOS 的智能合约更强调的是链上发布和出块节点执行，而非其不可修改。

4.16.3 EOS 核心仲裁法庭解决争议

EOS 还有一个核心仲裁法庭的机制，以解决区块链或社区上的争议，可以对错误或者有问题的账户进行冻结。EOS 大致的治理地图如图 4-5 所示。

在 EOS 社区中，你持有 EOS 代币就意味着认同 EOS 的价值，使用 EOS 延伸的权利的同时，你需要遵守其中的规则，来保持发展的平衡。

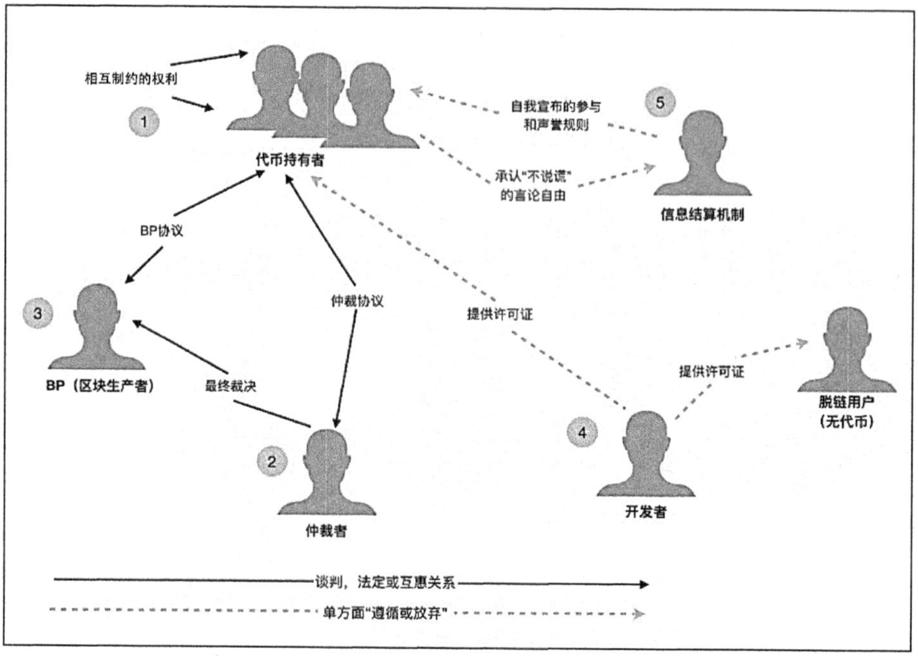

图 4-5　EOS 大致的治理地图

4.17　应用实践 2：eosio.token 智能合约

eosio.token 智能合约允许在同一个合约上创建并运行许多不同的 Token，但这些 Token 可能由不同的用户管理。

4.17.1　创建账户

在部署 eosio.token 智能合约之前，必须创建一个账户来部署它。这里创建的账户名是 eosio.token，当然也可以用其他名称。创建账户的代码如下：

```
  $ cleos create account eosio eosio.token
EOS7ijWCBmoXBi3CgtK7DJxentZZeTkeUnaSDvyro9dq7Sd1C3dC4
EOS7ijWCBmoXBi3CgtK7DJxentZZeTkeUnaSDvyro9dq7Sd1C3dC4
  ...
```

4.17.2 部署智能合约

因为 eosio.token 智能合约属于系统合约，所以不需要创建代码即可进行部署。eosio.token 智能合约在${EOSIO_SOURCE}/build/contracts/eosio.token 目录下。部署智能合约的代码如下：

```
    $ cleos set contract eosio.token build/contracts/eosio.token
-p eosio.token
    Reading WAST...
    Assembling WASM...
    Publishing contract...
    executed transaction:
528bdbce1181dc5fd72a24e4181e6587dace8ab43b2d7ac9b22b2017992a07
ad  8708 bytes  10000 cycles
    #        eosio <= eosio::setcode
{"account":"eosio.token","vmtype":0,"vmversion":0,"code":"0061
736d0100000001ce011d60067f7e7f7f7f7f00...
    #        eosio <= eosio::setabi
{"account":"eosio.token","abi":{"types":[],"structs":[{"name":
"transfer","base":"","fields":[{"name"...
```

4.17.3 创建 EOS Token

可以在 contracts/eosio.token/eosio.token.hpp 头文件中查看 eosio.token 智能合约提供的操作（Action）：

```
    void create( account_name issuer,
                 asset        maximum_supply,
                 uint8_t      can_freeze,
                 uint8_t      can_recall,
                 uint8_t      can_whitelist );

    void issue( account_name to, asset quantity, string memo );
    void transfer( account_name from,
                   account_name to,
```

```
                asset        quantity,
                string       memo );
```

要创建一个新的 Token，我们必须用适当的参数调用 create 方法。该方法将使用最大供应量(maximum_supply)的 Token 符号来唯一标识该 Token。发行人（issuer）将有权调用发行（issue）操作和执行其他操作，例如，冻结（freezing）、召回（recalling）以及将用户列入白名单（whitelisting）。

调用方法如下：

```
   $ cleos push action eosio.token create '[ "eosio",
"1000000000.0000 EOS", 0, 0, 0]' -p eosio.token
   executed transaction:
0e49a421f6e75f4c5e09dd738a02d3f51bd18a0cf31894f68d335cd70d9c0e
12  260 bytes  1000 cycles
   #   eosio.token <= eosio.token::create
{"issuer":"eosio","maximum_supply":"1000000000.0000
EOS","can_freeze":0,"can_recall":0,"can_whitelis...
```

该方法创建了一个名为 EOS 的新 Token，其精度为小数点后 4 位，最大供应量为 1000000000.0000 EOS。

4.17.4 发行 Token

现在我们已经创建了名为 EOS 的 Token，发行人可以向我们之前创建的 user 账户发行新的 Token。

我们使用序列化参数的方式调用操作（或者使用命名参数的方式）：

```
   $ cleos push action eosio.token issue '[ "user", "100.0000 EOS",
"memo" ]' -p eosio
   executed transaction:
822a607a9196112831ecc2dc14ffb1722634f1749f3ac18b73ffacd41160b0
19  268 bytes  1000 cycles
```

```
    #   eosio.token <= eosio.token::issue
{"to":"user","quantity":"100.0000 EOS","memo":"memo"}
    >> issue
    #   eosio.token <= eosio.token::transfer
{"from":"eosio","to":"user","quantity":"100.0000
EOS","memo":"memo"}
    >> transfer
    #   eosio <= eosio.token::transfer
{"from":"eosio","to":"user","quantity":"100.0000
EOS","memo":"memo"}
    #   user <= eosio.token::transfer
{"from":"eosio","to":"user","quantity":"100.0000
EOS","memo":"memo"}
```

这次输出包含几个不同的操作：一次发行（issue）和三次转账（transfer）。虽然我们执行的唯一一项操作是 issue，但该 issue 操作执行了“内联转账（inline transfer）”。“内联转账”通知发送者和收款人账户，输出内容展示了操作中所有被调用的处理程序被调用的顺序，以及其产生的所有输出。

如果你想看到交易（Transaction）被广播的实际情况，可以使用-d、-j 选项来表示“不要广播”和“以 JSON 格式返回交易执行情况”。

4.17.5　转账

转账和发行的另一个区别是，发行的发送方只能是 Token 创建账户，转账需要指定发送方和接收方。

将一些 Token 转账给账户 tester。我们用授权参数-p user 表示 user 授权了此操作，代码如下：

```
    $ cleos push action eosio.token transfer '[ "user", "tester",
"25.0000 EOS", "m" ]' -p user
    executed transaction:
06d0a99652c11637230d08a207520bf38066b8817ef7cafaab2f0344aafd70
```

```
18  268 bytes  1000 cycles
   #   eosio.token <= eosio.token::transfer
{"from":"user","to":"tester","quantity":"25.0000
EOS","memo":"m"}
   >> transfer
   #         user <= eosio.token::transfer
{"from":"user","to":"tester","quantity":"25.0000
EOS","memo":"m"}
   #       tester <= eosio.token::transfer
{"from":"user","to":"tester","quantity":"25.0000
EOS","memo":"m"}
```

4.18 总结

本章完整介绍了 EOS 智能合约的基础知识，并介绍了两个应用实践，分别是 Hello World 和 eosio.token 智能合约，希望帮助读者了解智能合约的基础知识，为后续的 DApp 开发做好准备。

在第 5 章中，我们将研究 EOS 系统提供的 RPC API 接口，并基于这些接口做几个用户可以直接使用的小应用。

第 5 章

EOS RPC 接口

EOS RPC API 使用 REST RPC 接口，提供与客户端交互的 API，方便网页和 DApp 进行 EOS 链上操作。

DApp 通过直接与 RPC 交互，或者通过封装的 API 与 RPC 交互，可以完成转账、智能合约调用等操作。

5.1 配置插件

要启动 EOS RPC 接口，首先必须启用必要的 API 插件。根据你希望启用的 API，将以下行添加到 config.ini 文件中：

```
plugin = eosio::chain_api_plugin //生效链 API
plugin = eosio::wallet_api_plugin //生效钱包 API
```

5.2 测试工具

REST 客户端都可以用于 API 的测试，笔者比较推荐的客户端是 Chrome 插件 Postman，可以通过 Chrome 应用插件商店进行搜索并安装它。

如图 5-1 所示，这是一个使用 Postman 测试的例子，API 的参数需要在 raw 中通过 JSON 格式传入。

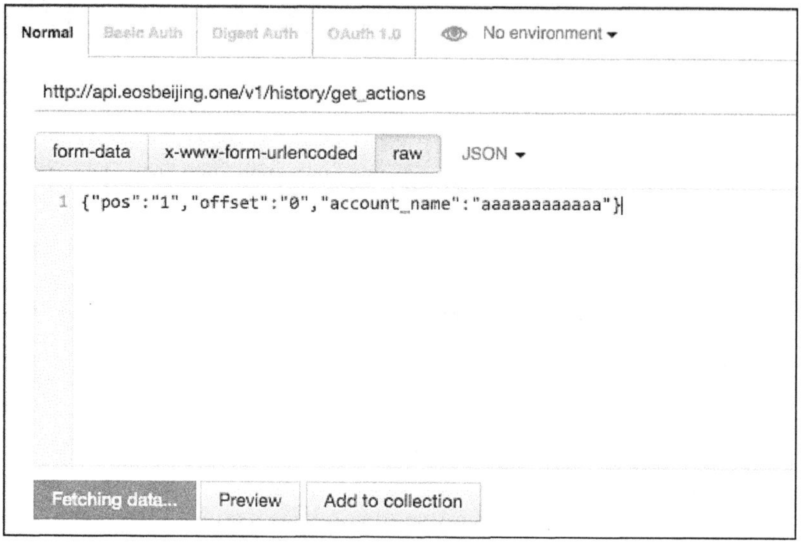

图 5-1 Postman REST 客户端

5.3 主网 RPC 接口地址

除了自己搭建一个主网节点，还可以通过超级节点的 bp.json 找到开放 RPC 接口，比如，搜索“开放 EOS RPC 接口地址”，可以找到一些公开的超级节点 RPC 地址并直接使用。

需要注意的是，不同节点启用的 API 插件可能不同，所以有些接口会不可用。

5.4　主要接口功能说明

5.4.1　API 参数

在 API 接口中有几个常用的参数，说明如下。

- account_name：账户名或智能合约账户名。
- scope：指定账户名。
- code：智能合约账户名。

5.4.2　Chain API

- get_info：获取与节点相关的最新信息。
- get_block：获取一个块的信息。
- get_account：获取账户的信息。
- get_code：获取智能合约代码。
- get_table_rows：获取智能合约数据。
- get_currency_balance：获取账户的 Token 余额。
- abi_json_to_bin：将 JSON 序列化为二进制数和十六进制数。得到的二进制数和十六进制数通常用于 push_transaction 中的数据字段。
- abi_bin_to_json：将二进制数或十六进制数序列化为 JSON。
- push_transaction：此方法预期采用 JSON 格式的事务，并尝试将其应用于区块链。
- push_transactions：该方法一次推送多个事务。
- get_required_keys：获取必需的密钥，从密钥列表中签署交易。

5.4.3 Wallet API

在 Wallet API 中，对于钱包的操作需要将钱包的私钥配置在提供 API 服务的服务器上，所以其实该接口在实际客户端 DApp 的网页或客户端开发中并不适用，比较适用的场景是开发超级节点管理工具或者开发交易所钱包工具。

- create：用给定的名称创建一个新钱包。
- open：打开给定名称的现有钱包。
- lock_all：锁定所有钱包。
- unlock：用给定的名称和密码解锁钱包。
- list_wallets：列出所有钱包。
- list_keys：列出所有钱包中的所有密钥对。
- get_public_keys：列出所有钱包中的所有公钥。
- set_timeout：设置钱包自动锁定超时（以 s 为单位）。
- sign_transaction：给定一个交易签名，需要公钥和链 ID。
- create_key：创建密钥对。

在 EOS 的开发者网站上有最新的接口说明，有兴趣的读者可以访问查看。

5.5 获取智能合约数据

获取智能合约数据主要通过/chain/get_table_rows 接口。get_table_rows 的几个参数介绍如下。

- scope：账户名，比如 eosio。
- code：智能合约名称，比如 eosio.token。

- table：表名，可以在智能合约的 ABI 文件中查找。
- json：是否返回 JSON 格式数据。
- limit：返回记录数，默认值为 10。

如图 5-2 所示是通过 RPC 接口获取的超级节点信息。如果需要返回前 100 条超级节点的记录，需要 POST 如图 5-2 所示的参数构成的 JSON。

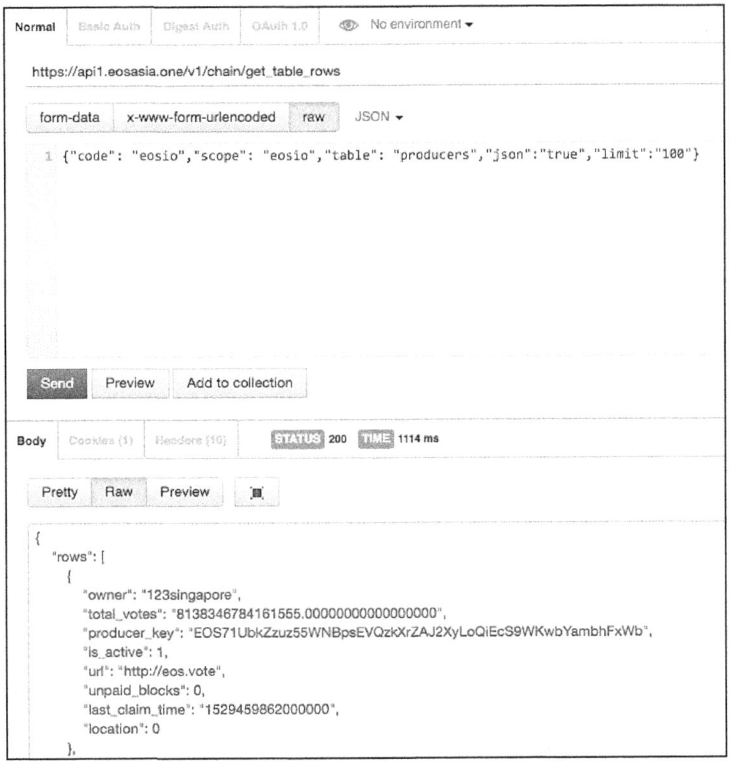

图 5-2　通过 RPC 接口获取的超级节点信息

URL：

http://{RPC 地址}/v1/chain/get_table_rows

POST Data：


```
{"code": "eosio","scope": "eosio","table": "producers",
"json": "true"}
```


返回值：


```
{
    "rows": [
        {
            "owner": "123singapore",
            "total_votes": "6051089139404382.
00000000000000000",
            "producer_key": "EOS71UbkZzuz55WNBpsEVQzkXrZAJ2X-
yLoQiEcS9WKwbYambhFxWb",
            "is_active": 1,
            "url": "http://eos.vote",
            "unpaid_blocks": 0,
            "last_claim_time": "1529459862000000",
            "location": 0
        },
    ...
}
```


5.6 客户端签名

5.6.1 keosd 签名

官方 API 中的 Wallet API 需要节点启用 keosd 插件。

我们以新建账户为例。新建账户（newaccount）需要用“已有账户”创建“新账户”，流程是用已有账户调用系统合约 eosio 中的 newaccount 的 Action。新建账户的交易需要用创建者的私钥签名交易（sign_transaction），然后推送签名后的交易（push_transaction）到区块链。

sign_transaction 数据结构如图 5-3 所示。

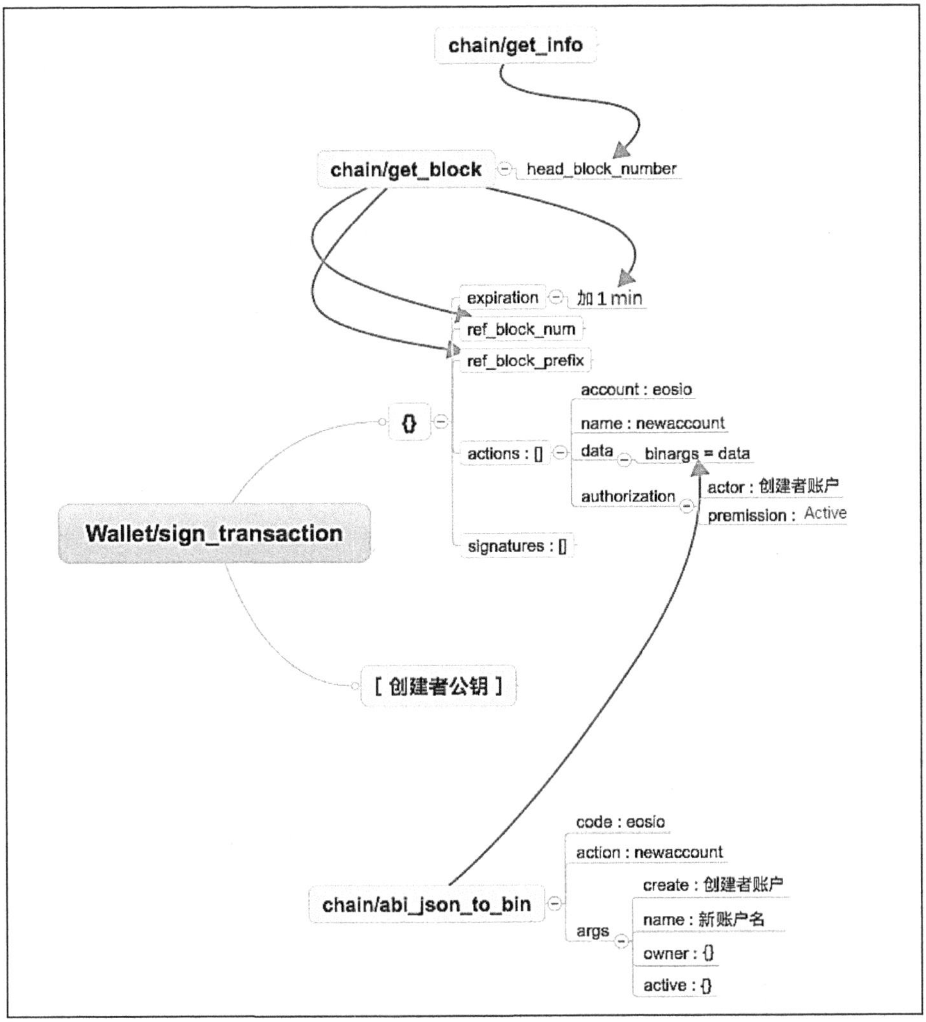

图 5-3　sign_transaction 数据结构

push_transaction 数据结构如图 5-4 所示。

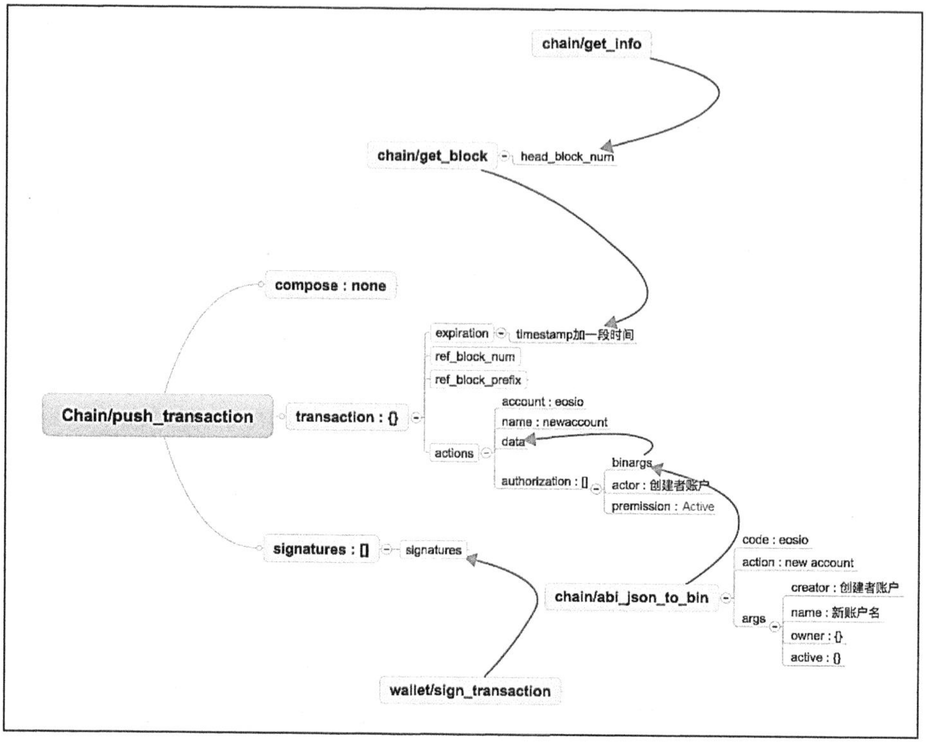

图 5-4 push_transaction 数据结构

5.6.2 eosjs 库签名

因为 keosd wallet 插件必须在服务器端导入私钥，所以并不适合客户端应用。如果需要在浏览器客户端进行签名，我们可以使用 JS 库，比如 EOS.IO 官方推荐的库 eosjs 和 eosjs-api。其中，eosjs 用于对交易进行签名、发送交易等操作；eosjs-api 用于读取链上数据，如果只需要读取链上数据的话，使用 eosjs-api 即可。

代码仓库：

查看 GitHub 上 eosio 账户下的 eosjs 和 eosjs-api 项目。

通过下面的命令进行安装：

```
npm install eosjs
npm install eosjs-api
```

建立 eosjs 与链的连接：

```
Eos = require('eosjs')
//基础配置
config = {
  keyProvider: ['PrivateKeys...'], //配置私钥字符串
  httpEndpoint: 'http://178.62.196.196:8888',
  //DEV 开发链 URL 与端口
  chainId:
"0b08e71a2f8caaccc2dc13244b788f5eba29462ecd5d5dea1ad8cbe9581e8
85a",
   //通过 cleos get info 可以获取 chainId
  mockTransactions: () => null, //如果要广播，需要设为 null
  transactionHeaders: (expireInSeconds, callback) => {
    callback(null/*error*/, headers)
    //手动设置交易记录头，该方法中的 callback 回调函数
    //在每次交易中都会被调用
  },
  expireInSeconds: 60,
  broadcast: true,
  debug: false,
  sign: true,
  authorization: null //该参数用于在多重签名的情况下识别签名账户与
                      //权限，格式如 account@permission
}
eos = Eos(config)
```

获取链最新块的数据：

```
eos.getInfo({}).then(result => {
   console.log(result)
})
```

获取智能合约数据：

```
eos.getTableRows('todos', 'todo', 'todo').then((data) => {
  console.log(data)
})
```

调用智能合约 Action：

```
eos.transaction(
    {
        actions: [
            {
                account: 'contract_name',  //智能合约名
                name: 'hi',    //方法名，该方法在官方的 hello 合约中有
                authorization: [{
                    actor: 'testtesttest',
                    permission: 'active'
                }],
                data: {
                    user: 'axay'
                }
            }
        ]
    }
    // options -- example: {broadcast: false}
).then(result => console.log(result))
```

若要使用其他方法，可以查看官方文档。

5.6.3 eosjs2 库签名

eosjs 库与 React 框架集成效果较好，如果你不是 React 开发者，你可以选择另一个 JavaScript 库 eosjs2。

代码仓库：查看 GitHub 上 eosio 账户下的 eosjs2 项目。

首先，下载项目文件到本地，使用 yarn 命令进行编译：

```
yarn build-web
```

如果编译报错，按照错误指令安装相应的安装包即可。

在编译成功后，可以在 dist-web 中找到 js 文件，然后调用签名函数代码，即可用 js 文件完成签名并 pushTransaction。其中有两个参数需要说明，rpc 用于配置节点的 RPC 地址和端口，signatureProvider 用于配置签名的私钥。签名函数代码具体如下：

```
<pre style="width: 100%; height: 100%; margin:0px; "></pre>
<script src='dist-web/eosjs2-debug.js'></script>
<script src='dist-web/eosjs2-jsonrpc-debug.js'></script>
<script src='dist-web/eosjs2-jssig-debug.js'></script>
<script>
    let pre = document.getElementsByTagName('pre')[0];
    let rpc = new eosjs2_jsonrpc.JsonRpc('http://localhost:
8000');
    let signatureProvider = new eosjs2_jssig.default
(['5JtUScZK2XEp3g9gh7F8bwt-PTRAkASmNrrftmx4AxDKD5K4zDnr']);
    let api = new eosjs2.Api({ rpc, signatureProvider });
    (async () => {
        try {
            let result = await api.pushTransaction({
                blocksBehind: 3,
                expireSeconds: 10,
                actions: [{
                    account: 'eosio.token',
                    name: 'transfer',
                    authorization: [{
                        actor: 'useraaaaaaaa',
                        permission: 'active',
                    }],
                    data: {
                        from: 'useraaaaaaaa',
                        to: 'useraaaaaaab',
```

```
                    quantity: '0.0001 SYS',
                    memo: '',
                },
            }],
        });
        pre.textContent += '\n\nTransaction pushed!\n\n' +
JSON.stringify(result, null, 4);
    } catch (e) {
        pre.textContent += '\nCaught exception: ' + e;
        if (e instanceof eosjs2_jsonrpc.RpcError)
            pre.textContent += '\n\n' +
JSON.stringify(e.json, null, 4);
    }
  })();
</script>
```

5.6.4 mds-eosjs 库签名

mds-eosjs 是麦子钱包团队开源的基于 jQuery 的前端库，特点是麦子钱包会处理 EOS 钱包的创建、管理和签名，开发者只需要关注 DApp 的实现即可，从而帮助开发者非常快速地上手 DApp 开发。

代码仓库：查看 GitHub 上 MediShares 账户下的 mds-eosjs 项目。

首先在页面中引入 jquery.mdseos.js。

初始化代码如下：

```
$.mdseos.init(
  {"nodes":[
    {"jsonRpc":"https:\/\/eostestnet.medishares.net"}, // 0:
testnet-node
    {"jsonRpc":"https:\/\/eosmainnet.medishares.net"}  // 1:
mainnet-node
  ]}
);
```

调用智能合约代码如下：

```
$.mdseos.create_action_buyram(
  function(action){
    console.log(action)
  },
  $.mdseos.getAccount(), //购买账户
  $.mdseos.getAccount(), //接收账户
  '1.0000 EOS', //购买数量
  false, // to Bin ( app sign set false)
  failedCallback //失败回调
);
```

调用 App 接口获取当前钱包的交易签名的代码如下：

```
$.mdseos.app_create_transaction(
  function(transData){
    console.log(transData) //签名数据打印
  }, //签名后回调
  [action], //相关的 Action
  function(){
    alert('failed!')
  } //失败回调
);
```

推送交易到链上的代码如下：

```
$.mdseos.push_transaction_all(
  function(){
    alert('Success');
  }, //回调
  transData, //签名数据
  function(){
    alert('failed!')
  } //失败回调
);
```

另外，在麦子钱包应用中专门提供了一个麦子开发者浏览器，方便开

发者进行测试，如图 5-5 所示。

图 5-5　麦子钱包 DApp 开发者浏览器

除了主网，麦子钱包还支持其他 EOS 主链和侧链，包括 EOS 原力等，开发者可以根据自己的情况选择资源消耗合适的 EOS 链进行开发和部署。

可到麦子钱包官网下载麦子钱包并进行测试。

5.7　应用实践 3：EOS 钱包

基于已经介绍过的 API 接口和客户端签名 JS，我们来实现一个最基础的可转账 EOS 代币的网页轻钱包。

5.7.1 钱包的各种类型

钱包的类型一般有：轻钱包、全节点钱包、冷钱包等。轻钱包又分为非独立轻钱包和独立轻钱包。我们经常使用的钱包中的大部分属于非独立轻钱包，如 imToken、麦子钱包等。这类钱包的 Private Key 至少在用户自己手里，安全性高一些，而且非常简单、易用。

独立轻钱包一般使用 SPV，从而不需要下载整个区块链数据，而只下载区块头数据，即可完成验证和交易打包。它的交易广播不依赖中心化节点服务器。

全节点钱包一般是客户端，比如，EOS 的超级节点或者完整同步节点，它需要下载整个区块链数据，对硬件资源消耗最大。

冷钱包是最安全的钱包，因为它的使用不依赖网络。

本应用实践要创建的是一个基于网页的非独立轻钱包。

5.7.2 钱包的数据和界面

首先启动测试的 EOS 链，并使用第 4 章中创建的 EOS Token 和测试账户：

```
./nodeos -e -p eosio --plugin eosio::wallet_api_plugin
--plugin eosio::chain_api_plugin
```

5.7.3 查询账户余额

使用 get_currency_balance 获取账户余额。其中，code 是代币智能合约的账户，account 是查询账户，symbol 是该代币智能合约所创建的代币标识。

查询账户余额 API 如图 5-6 所示。

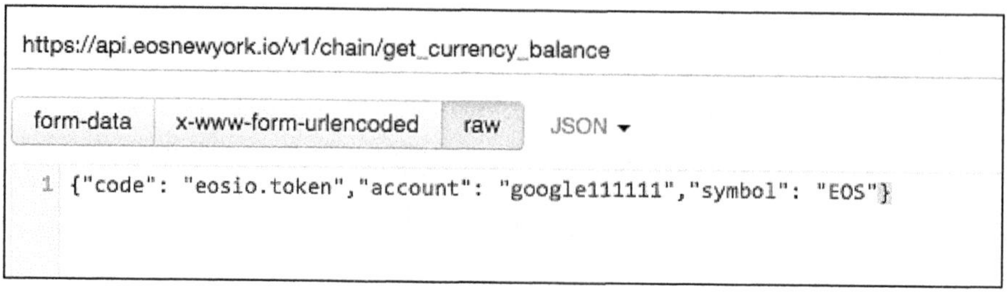

图 5-6 查询账户余额 API

URL：https://{RPC 地址}/v1/chain/get_currency_balance

POST Data：

```
{"code": "eosio.token","account": "google111111","symbol": "EOS"}
```

返回值：

```
[
    "0.5675 EOS"
]
```

5.7.4 转账

这里我们使用前面提到的 eosjs2 库进行客户端签名。

用户在如图 5-7 所示的钱包转账界面上输入账户名、私钥、对方的账户名和转账金额，通过 eosjs2 库完成签名并提交到链上，然后通过查询账户余额界面即可查到转账结果，如图 5-8 所示。

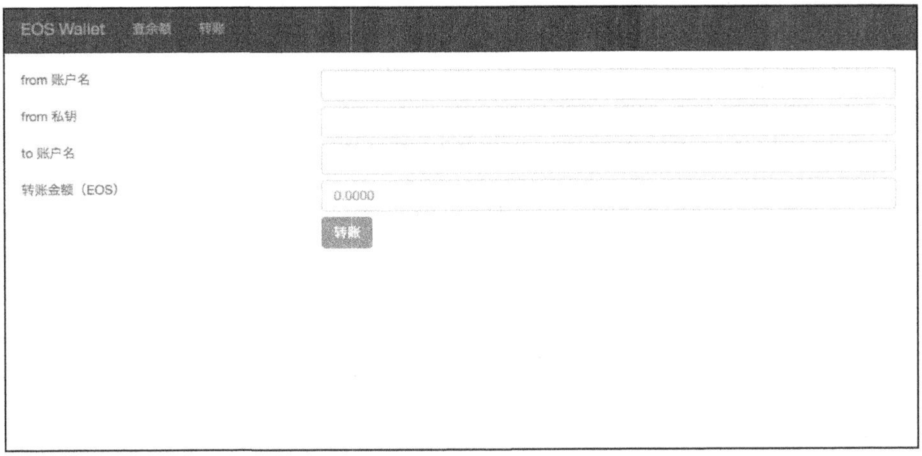

图 5-7　钱包转账界面

图 5-8　查询账户余额界面

具体代码可以查看本书官网上开源项目中的 3-Wallet 文件夹。

5.7.5　开源 EOS 钱包

本节只实现了一个非常基础的网页轻钱包，如果大家有兴趣继续完善钱包功能，可以自行研究以下的 EOS 开源钱包，实现更多相关功能。您可以在 GitHub 上搜索如下关键字找到开源项目代码。

- EOSPortal
- EOSEssentials
- EOS Token

- PocketEOS
- EosCommander

5.8 应用实践 4：区块链浏览器

实现区块链浏览器一般有两种方法，第一种方法是将链上数据同步到 MongoDB 等数据库中进行查询，这种方法性能好，而且能够定制。还有第二种方法，直接通过 RPC API 接口来实现一个简单的 EOS 区块链浏览器，这种方法较为简单，不需要数据库，前端通过对应的 API 接口即可将链上数据展示出来。本应用实践将采用第二种方法。

5.8.1 基本信息

使用 chain/get_info 接口可以获得当前链的基本信息，包括最新块高度、不可逆块高度等，如图 5-9 所示。

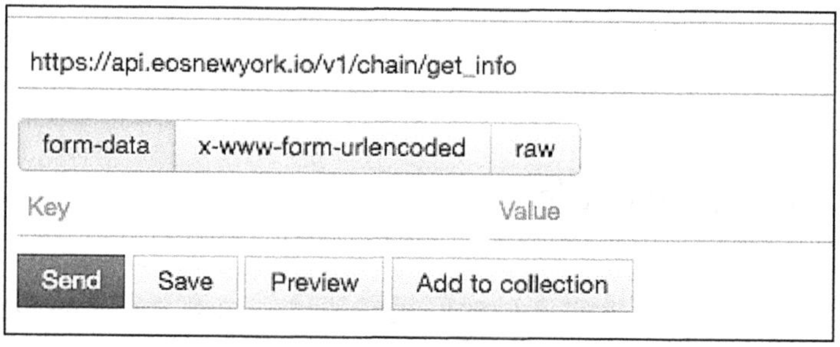

图 5-9　当前链的基本信息

获取的当前区块信息如图 5-10 所示。

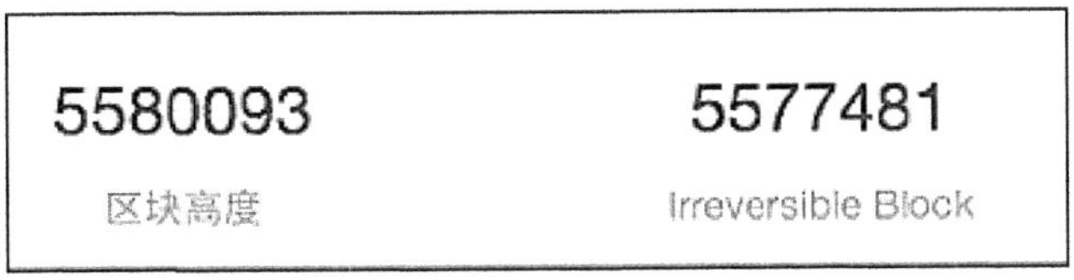

图 5-10　获取的当前区块信息

URL：http://{RPC 地址}/v1/chain/get_info

POST Data：无

返回值：

```
{
    "server_version": "60947c0c",
    "chain_id":
"aca376f206b8fc25a6ed44dbdc66547c36c6c33e3a119ffbeaef943642f0e
906",
    "head_block_num": 6315262,
    "last_irreversible_block_num": 6314928,
    "last_irreversible_block_id":
"00605bb09c2cae6cd3e7efa384c9cceead088511dca932816bf0ce3d5ba71
7fe",
    "head_block_id":
"00605cfedf970ef8e69b6c102ee1afe0521c973fcbaf6e6215acd821b851e
6c4",
    "head_block_time": "2018-07-17T07:30:59.500",
    "head_block_producer": "libertyblock",
    "virtual_block_cpu_limit": 7581124,
    "virtual_block_net_limit": 1048576000,
    "block_cpu_limit": 89,
    "block_net_limit": 983888
}
```

5.8.2　区块列表与区块详情

区块列表与区块信息如图 5-11 和图 5-12 所示。

图 5-11　区块列表

图 5-12　区块信息

使用 chain/get_block 接口输入块高度，可以获取块的详细信息和块包含的交易列表，如图 5-13 所示。

图 5-13　获取块的详细信息和块包含的交易列表

URL：https://{RPC 地址}/v1/chain/get_block

POST Data：


```
{"block_num_or_id":"5580091"}
```


返回值：


```
{
    "timestamp": "2018-07-13T00:23:32.000",
    "producer": "eoshuobipool",
    "confirmed": 0,
    "previous":
"0055253af709205a0ad2d9f859a205f21bbaa3bc8387b41ca47cb2a462fdd
1bc",
    "transaction_mroot":
"f9d6bae8edb716b1ce897e3a43d452ba287dcc4dd2ce2b965c487c651d2c3
064",
    "action_mroot":
"c1b0342f311fd06ec8a4ff24321096cb118f5f5dd86d84a2d56c717246bbe
275",
    "schedule_version": 134,
    "new_producers": null,
    "header_extensions": [],
    "producer_signature":
"SIG_K1_K9GSdX8qeHf1anq1o5qyrj5YjkkrjCLikcx7xiLdnUAGRBNYASGvHC
JNaBRfRUmxh9uU5KCTQdZ3fZXp3HNi8NcQycqk5d",
    "transactions": [
        {
            "status": "executed",
            "cpu_usage_us": 313,
```

```
            "net_usage_words": 13,
            "trx": {
                "id":
"53008c841c73926a8ae3360f5e92eb17be02277f0f137e9ed4021e157fa1a
aa3",
                "signatures": [

"SIG_K1_K4d658Z24xeqkQh1qqyL8QBFRfEDgQ1FQbkQNazxTehRVvJydHvQoB
sjMpgVnGGvHtB4TVy9kJJiy88kdMcFK188euLGhE"
                ],
                "compression": "none",
                "packed_context_free_data": "",
                "context_free_data": [],
                "packed_trx":
"0afe475bf223d285b37f00000000017055ce8e6788683c0000000080ac14c
f017055ce8ee7e94c4300000000a8ed32320807777726974696e6700",
                "transaction": {
                    "expiration": "2018-07-13T01:19:06",
                    "ref_block_num": 9202,
                    "ref_block_prefix": 2142471634,
                    "max_net_usage_words": 0,
                    "max_cpu_usage_ms": 0,
                    "delay_sec": 0,
                    "context_free_actions": [],
                    "actions": [
                        {
                            "account": "blocktwitter",
                            "name": "tweet",
                            "authorization": [
                                {
                                    "actor": "chaintwitter",
                                    "permission": "active"
                                }
                            ],
                            "data": {
                                "message": "writing"
                            },
                            "hex_data": "0777726974696e67"
                        }
                    ],
```

```
                    "transaction_extensions": []
                }
            }
        }
    ],
    "block_extensions": [],
    "id":
"0055253bb22fc9c4de4adfaebd8f50fb1aab5f17dea4377f806f7f0c5e877
eab",
    "block_num": 5580091,
    "ref_block_prefix": 2933869278
}
```


5.8.3　交易详情

交易详情界面如图 5-14 所示。

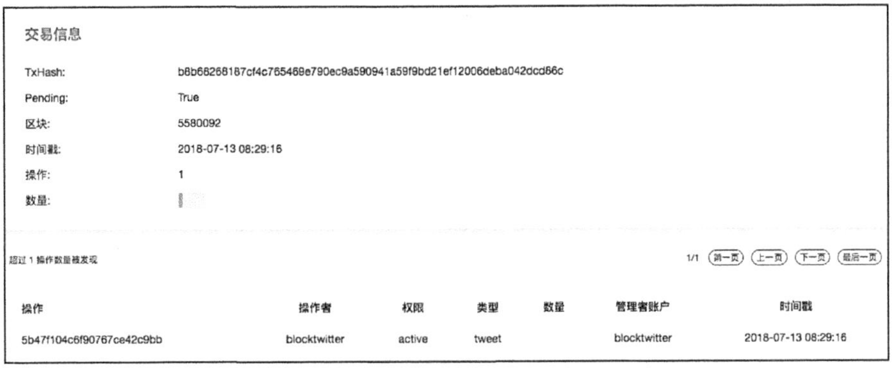

图 5-14　交易详情界面

通过 get_transaction 接口，传入交易哈希值，可以获取交易详细信息，如图 5-15 所示。

图 5-15　获取交易详细信息

URL：https://{RPC 地址}/v1/history/get_transaction

POST Data：

```
{"id":"b8b68268187cf4c765469e790ec9a590941a59f9bd21ef12006
deba042dcd86c"}
```

返回值：

```
{
    "id":
"b8b68268187cf4c765469e790ec9a590941a59f9bd21ef12006deba042dcd
86c",
    "trx": {
        "receipt": {
            "status": "executed",
            "cpu_usage_us": 311,
            "net_usage_words": 13,
            "trx": [
                1,
                {
                    "signatures": [

"SIG_K1_KkS63hc4LfaueCZ93z4JLGR9FYtNMqBqK4R1tupQfGHyQFS7xxFi2f
dx5NEyGTQ7KsDVhqn2onP6DkGAFa1Kx1YiYmVwmx"
                    ],
                    "compression": "none",
                    "packed_context_free_data": "",
                    "packed_trx":
"5cf2475bf223d285b37f00000000017055ce8e6788683c0000000080ac14c
f017055ce8e6788683c00000000a8ed32320706454f532e494f00"
```

```
                }
            ]
        },
        "trx": {
            "expiration": "2018-07-13T00:29:16",
            "ref_block_num": 9202,
            "ref_block_prefix": 2142471634,
            "max_net_usage_words": 0,
            "max_cpu_usage_ms": 0,
            "delay_sec": 0,
            "context_free_actions": [],
            "actions": [
                {
                    "account": "blocktwitter",
                    "name": "tweet",
                    "authorization": [
                        {
                            "actor": "blocktwitter",
                            "permission": "active"
                        }
                    ],
                    "data": {
                        "message": "EOS.IO"
                    },
                    "hex_data": "06454f532e494f"
                }
            ],
            "transaction_extensions": [],
            "signatures": [
"SIG_K1_KkS63hc4LfaueCZ93z4JLGR9FYtNMqBqK4R1tupQfGHyQFS7xxFi2f
dx5NEyGTQ7KsDVhqn2onP6DkGAFa1Kx1YiYmVwmx"
            ],
            "context_free_data": []
        }
    },
    "block_time": "2018-07-13T00:23:32.500",
    "block_num": 5580092,
    "last_irreversible_block": 6315333,
    "traces": [
```

```
            {
                "receipt": {
                    "receiver": "blocktwitter",
                    "act_digest":
"94a2a0d3ef9f0bc7f22d93b72fe410c64319c51126fc4f0d41458c265716c
50d",
                    "global_sequence": 18620138,
                    "recv_sequence": 951569,
                    "auth_sequence": [
                        [
                            "blocktwitter",
                            816952
                        ]
                    ],
                    "code_sequence": 1,
                    "abi_sequence": 1
                },
                "act": {
                    "account": "blocktwitter",
                    "name": "tweet",
                    "authorization": [
                        {
                            "actor": "blocktwitter",
                            "permission": "active"
                        }
                    ],
                    "data": {
                        "message": "EOS.IO"
                    },
                    "hex_data": "06454f532e494f"
                },
                "elapsed": 138,
                "cpu_usage": 0,
                "console": "",
                "total_cpu_usage": 0,
                "trx_id":
"b8b68268187cf4c765469e790ec9a590941a59f9bd21ef12006deba042dcd
86c",
                "inline_traces": []
            }
```

```
    ]
}
```

5.8.4　查询账户交易记录

账户交易记录界面如图 5-16 所示。

Transfer ID	Transfer	TxHash	数量	时间戳
5b46345fc6f90767ce300f0c	sayyousayme1 → eosfavorcomm memo	8f532e98b1ceab5847e899f4...	0.0001 EOS (eosio.token)	2018-07-12 00:46:23
5b461116c6f90767ce2f867e	sayyousayme1 → eossonicteam memo	45a7561c7b9fc455f75eba13...	0.0001 EOS (eosio.token)	2018-07-11 22:15:50
5b456954c6f90767ce139eb2	sayyousayme1 → eossonicteam memo	f05cbc5de3d41fd404bd911a...	0.0001 EOS (eosio.token)	2018-07-11 10:20:05
5b450b17c6f90767ce10e48f	sayyousayme1 → eossonicteam memo	940718b592c2eab5633df44...	0.0001 EOS (eosio.token)	2018-07-11 03:38:00
5b43f3d8c6f90767cee1da9c	sayyousayme1 → saymesayyou1 memo	de126b7e68aa38b010149cf...	0.2000 CET (eosiochaince)	2018-07-07 22:52:42

图 5-16　账户交易记录界面

通过 get_actions 接口，传入账户名，可以获得该账户的所有 Action（交易记录），如图 5-17 所示。

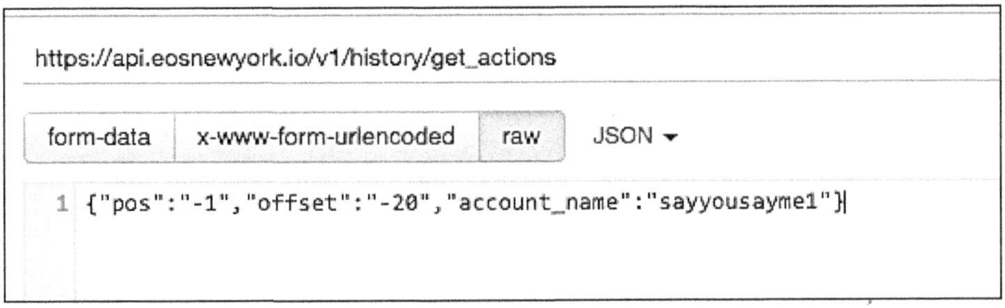

图 5-17　获得该账户的所有交易记录

URL：https://{RPC 地址}/v1/history/get_actions

POST Data：

```
{"pos":"1","offset":"-20","account_name":"sayyousayme1"}
```

返回值：

```
{
    "actions": [
        {
            "global_action_seq": 11114091,
            "account_action_seq": 0,
            "block_num": 3735875,
            "block_time": "2018-07-02T07:16:15.500",
            "action_trace": {
                "receipt": {
                    "receiver": "sayyousayme1",
                    "act_digest":
"cd229333a61498efac9c0c3a9e3e7c36d5a2ca4b1fb58166ce47366cfd7db
7a1",
                    "global_sequence": 11114091,
                    "recv_sequence": 1,
                    "auth_sequence": [
                        [
                            "ha4temjygene",
                            15
                        ]
                    ],
                    "code_sequence": 1,
                    "abi_sequence": 1
                },
                "act": {
                    "account": "eosio.token",
                    "name": "transfer",
                    "authorization": [
                        {
                            "actor": "ha4temjygene",
                            "permission": "active"
                        }
                    ],
                    "data": {
                        "from": "ha4temjygene",
                        "to": "sayyousayme1",
                        "quantity": "1.0000 EOS",
                        "memo": ""
                    },
                    "hex_data":
```

```
"a0a662fe499589691094f4066beabdc11027000000000000004454f5300000
00000"
                    },
                    "elapsed": 19,
                    "cpu_usage": 0,
                    "console": "",
                    "total_cpu_usage": 0,
                    "trx_id":
"2c526c2839c2752e74295969ede69a4e07453b5372dd6b1c5e94d2f543db8
b70",
                    "inline_traces": []
                }
            },
        ...
    }
```

最后，我们通过将返回数据与页面显示绑定在一起，即可实现区块链浏览器。

具体代码可以查看本书官网上开源项目中的 4-Browser 文件夹。

5.9　总结

本章我们学习了 EOS 系统提供的 RPC API 的各种接口，并了解了客户端签名的两种方法，基于这些基础知识实现了简单的 EOS 钱包和区块链浏览器。

通过 RPC API，对系统合约进行编程并实现一些简单的 DApp 是很好的入门方法，因为这种编程方式与我们熟悉的互联网应用开发非常相似。

在第 6 章中，我们将学习 DApp（去中心化应用）的创建和部署，本质上它就是将智能合约与基于 RPC API 的前端应用相结合的产物。

第6章

创建和部署 DApp

6.1 什么是 DApp（去中心化应用）

DApp 是 Decentralized Application 的缩写。现在各种常见的网络程序的后台都有一台或多台中心服务器，比如微信 App，在它的后台有腾讯公司的多台服务器提供数据和其他服务，当腾讯公司的机房发生严重故障时，微信 App 肯定会受到影响。而 DApp 程序运行在区块链网络环境下，是基于智能合约的应用，这使得 DApp 更可信，服务更稳定。

以太猫（CryptoKitties）是目前为止基于以太坊的最瞩目的 DApp，但它还是受到以太坊网络本身容量的限制，无法给予用户很好的游戏体验。而 EOS 则有望解决目前所有 DApp 的这个问题。目前麦子钱包同时提供了对以太坊和 EOS DApp 的支持（如图 6-1 所示），大家可以通过麦子钱包体验两条主链的不同特色，尤其是 EOS 将确认时间缩短到秒级后所带来的用户体验的极大提升。

图 6-1　麦子钱包 DApp 界面

6.2　DApp 基础架构

DApp 的基础架构一般由区块链、服务器端静态文件、JavaScript App 客户端浏览器组成，如图 6-2 所示。

可以直接从区块链的 API 接口读取 App 的数据状态，在本地通过 keystore 完成签名后，将交易发送到区块链，改变数据状态。

这种架构的优点是非常简单、优雅，由区块链上的智能合约处理所有业务逻辑，而且区块链是唯一的信任节点，除了区块链，没有其他存储状态和数据的服务。

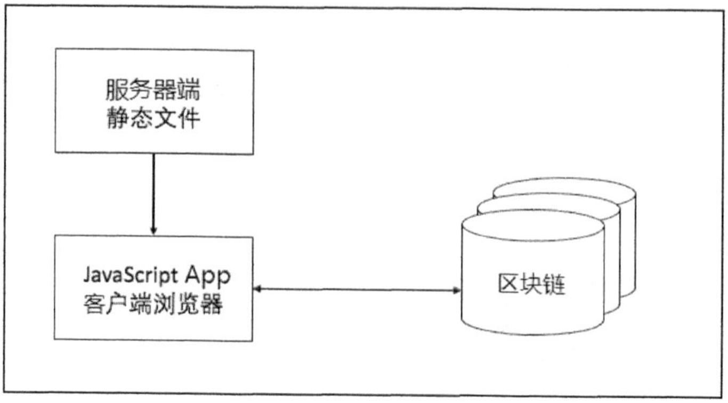

图 6-2　DApp 的基础架构

6.3　Demux DApp 架构

Demux 是基于 EOS 智能合约 Action 调用的消息处理机制，能够让链上的事件和中心化服务的结合变得更简单和高效。截至本书成稿时，Demux DApp 架构还在开发中，但 Block.One 团队已经在 EOS 黑客马拉松上宣布会很快开源这个框架。

Demux 主要提出了以下这些 DApp 应用场景的解决方案。

- 需要为用户创建区块链账户。
- 需要在 DApp 中发送邮件。
- 需要执行一个特别复杂的数据查询。
- 需要为应用扩容。

在这些场景里面，我们需要实现如下功能。

- 在服务器端帮助 App 完成签名。
- 与链外数据进行交互。
- 更灵活的数据查询功能。

- 更灵活地实现应用扩容。

如图 6-3 所示，Demux 提供了一种后台架构的模式，让 DApp 可以更简单、高效地进行数据查询，同时区块链上的 Action 可以触发一些链下行为，比如发送邮件等。

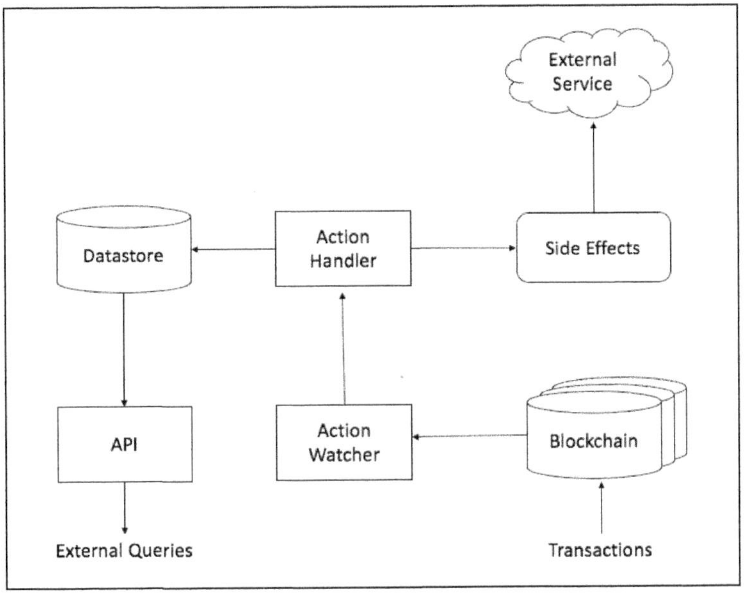

图 6-3　Demux 后台架构模式

在新的 Action 于链上被执行后，Action Watcher 会通知 Action Handler，Action Handler 执行相应的功能，比如更新数据库、触发 Side Effects。API 组件将数据库中的记录提供给外部使用。

Action Handler 一般做两件事，即 State Transforms（状态转换）和 Side Effects。

State Transforms（状态转换）同步执行，将新的 Action 映射到数据库中，可以自定义数据模型方便前端进行查询。

State Transforms 示例代码如下：

```
if (contract === "identity" && action === "create") {
 db.insert("identity", {
     identityId: actionPayload.identityId
 })
}
```

Side Effects 异步执行，负责提交请求给 API 或者提交新的交易，但不能修改数据库。

Side Effects 示例代码如下：

```
if (contract === "email" && action === "send") {
 //在 email 合约的 send Action 调用后，执行发送邮件程序
 const result = await emailService.send({
     emailId: uuid4(),
     from: payload.from,
     to: payload.to,
     subject: payload.subject,
     body: payload.body
 })
 //通过 email 合约的 receipt Action，将邮件 ID 和发送状态记录到链上
 eos.submitTransaction({
     contract: "email",
     action: "receipt",
     payload: {
         emailId: payload.emailId,
         sendStatus: result.status
     }
 })
}
```

Demux 只是一个架构，没有限定使用哪种数据库，所以你可以使用 PostgreSQL、Redis、Neo4J 等，或者混合使用多种数据库。API 查询层可以使用 REST 或者 GraphQL。

因为客户端程序只需要对接 API，所以数据库层可以快速扩展。又因为所有数据来自数据库的数据状态，所以也相当于提供了一个缓冲层。

6.4 MongoDB 数据库插件

EOS 代码中自带了一个 mongo_db_plugin 插件，它会自动同步下面的数据。

accounts（账户数据）

- 如果账户中有智能合约的话，数据库中只保存名字和 ABI。

actions（智能合约调用数据）

- action_num
- trx_id
- account
- name
- authorization
- actor
- permission
- data
- hex_data

block_states（区块状态数据）

- block_num
- block_id
- block_header_state

- validated
- in_current_chain

blocks（区块数据）

- block_num
- block_id
- irreversible：如果是不可逆区块，则为 true
- block

transaction_traces（交易记录日志数据）

- transaction_trace

transactions（交易记录数据）

- trx_id
- irreversible：如果是不可逆交易，则为 true
- transaction_header
- signing_keys
- actions
- context_free_actions
- transaction_extensions
- signatures
- context_free_data

在有些版本中，并不会默认编译 mongo_db_plugin 插件，需要执行如下操作重新编译并重装 EOS：

```
git clone -b release/1.1 https://github.com/EOSIO/eos.git
```

```
cd eos
git fetch -all -tags -prune
git merge -m "merge" -commit origin/gh#3030-enable-mongodb
git submodule update -init -recursive
./eosio_build.sh
cd build/
make install
```

修改 config.ini 配置文件，添加如下两行代码：

```
plugin = eosio::mongo_db_plugin
mongodb-uri = mongodb://localhost:27017/eosmain
```

其中，eosmain 是要写入的 MongoDB 数据库名。

进入~/opt/mongodb/bin 目录，启动 MongoDB 服务：

```
cd ~/opt/mongodb/bin
./mongod
```

这时 MongoDB 服务会默认监听 27017 端口。

新开一个小窗口，重启 nodeos，需要加上-replay-blockchain，以将历史交易数据同步到 MongoDB。如果没有意外的话，此时 MongoDB 应该开始写入相关记录了。执行 mongo 程序进入 MongoDB 控制台，查询相应数据库和记录。

6.5 智能合约的资源消耗

在设计智能合约时，需要考虑其对资源的消耗，从而让使用者可以有更好的体验。

EOS 资源占用需要注意的地方如下。

账户的 CPU、网络资源的使用量不会自动更新，只有当新发起一笔交易时，才更新使用量数据。也就是说，你当前看到的资源消耗量不包含最新一笔交易的消耗量。在 CPU、网络资源被占用后，恢复周期是 24 小时。

如图 6-4 所示，大多数操作的执行方都需要消耗 CPU 和网络资源，而是否消耗 RAM 则需要看智能合约的设计。

操作	RAM	CPU	NET	EOS
转账	/	占用	占用	按需
建账户（创建者）	/	占用	占用	消耗（给新账户）
建账户（被创建）	消耗	/	/	/
buy/sell RAM	ramfee	占用	占用	ramfee
delegateBW/UndelegateBW	/	占用	占用	按需
投票	/	占用	占用	/
智能合约	消耗	占用	占用	/

图 6-4　系统合约调用的资源消耗

建议开发者在测试网络部署和资源消耗情况后，再将应用部署到主网。

6.6　应用实践 5：TicTacToe

本节我们结合官方的 TicTacToe 合约和一个前端实现，做一个基于 EOS 的井字棋游戏。

官方的合约在 contracts/tic_tac_toe 目录中，你也可以查看 GitHub 上相应的代码。

6.6.1 游戏规则

在这个游戏中，我们将使用一个标准的 3×3 井字棋方阵。玩家将会被分为两类角色，即甲方 host 和乙方 challenger，甲方总是走第一步。每一对玩家最多只能同时玩两局游戏，如果第一局比赛第一个玩家成为甲方，则在另一局中第二个玩家成为甲方。

6.6.2 合约开发

1. 棋盘

不像在传统的井字棋游戏中使用 o 和 x 代表双方的落子，我们用 1 来表示甲方的落子，用 2 来表示乙方的落子，用 0 来表示空格。因此，我们可以使用一维数组来存储这个方阵。如图 6-5 所示是一个棋盘方阵，假设 x 是甲方，那么这个方阵就等价于[0, 2, 1, 0, 1, 0, 1, 2, 2]。

	(0,0)	(1,0)	(2,0)
(0,0)	- 0	o 2	x 1
(0,1)	- 0	x 1	- 0
(0,2)	x 1	o 2	o 2

图 6-5 一个棋盘方阵

2. Action

用户将会用以下操作来与这个合约进行交互。

- create：创建一个新游戏。
- restart：重启一个已经存在的游戏，甲方和乙方都可以执行这个操作。

- close：关闭一个已经存在的游戏，这将会释放用来存储这个游戏的存储空间，只允许甲方执行这个操作。
- move：做一个落子操作。

3. 合约账户

我们将使用一个叫作 tic.tac.toe 的账户来提交合约。为了防止 tic.tac.toe 这个账户名称已经存在，可以使用其他账户名称来替换代码中的 tic.tac.toe。如果你还没有创建账户，请先创建账户：

```
    $ cleos create account ${creator_name}
${contract_account_name} ${contract_pub_owner_key}
${contract_pub_active_key} --permission ${creator_name}@active
    # e.g. $ cleos create account inita tic.tac.toe
EOS4toFS3YXEQCkuuw1aqDLrtHim86Gz9u3hBdcBw5KNPZcursVHq
EOS7d9A3uLe6As66jzN8j44TXJUqJSK3bFjjEEqR4oTvNAB3iM9SA
--permission inita@active
```

请确保你的钱包已经解锁并且创建者的私钥已经导入了钱包，否则上面的命令会执行失败。

注意，在后面执行合约的过程中，我们一共会有 3 个账户。

- 合约账户：tic.tac.toe（合约需要用该账户部署，部署后通过该账户定位到合约，调用时 EOS 只有合约账户的概念，并不存在合约名字的概念）。
- 甲方账户：inita（签名甲方的操作）。
- 乙方账户：initb（签名乙方的操作）。

4. 创建合约文件

需要创建的合约文件有如下几个。

- tic_tac_toe.hpp => 定义合约结构的头文件。
- tic_tac_toe.cpp => 定义合约的主逻辑。
- tic_tac_toe.abi => 定义用户与合约交互的接口。

注意：在这个例子中我们使用用户名 N(tic.tac.toe)来作为这个合约的账户。如果你想使用一个不同的名称，可以把 tic.tac.toe 替换成你自己的账户名。

---

5. 定义结构

从头文件开始定义这个合约的结构。打开 tic_tac_toe.hpp，从下面的这个模板开始：

```
//导入需要的库
#include  //导入 eosio 通用库，比如 print、type、math 等

class tic_tac_toe : public eosio::contract {
  public:
    tic_tac_toe( account_name self ):contract(self){}
};
```

6. 游戏表

我们需要一个表来存储游戏列表，定义如下：

```
class tic_tac_toe : public eosio::contract {
  public:
   ...
   typedef eosio::multi_index< games_account, game> games;
};
```

第一个模板参数定义了这个表的名称。

第二个模板参数定义了它所要存储的结构（我们将会在下面的内容中定义它）。

7. 游戏结构

定义这个游戏的结构，请确保代码中该结构定义在表定义之前：

```
class tic_tac_toe : public eosio::contract {
  public:
  ...
  struct game {
        static const uint16_t board_width = 3;
        static const uint16_t board_height = board_width;
        game() {
          initialize_board();
        }
        account_name         challenger;
        account_name         host;
        account_name         turn; // = 当前游戏者的账户名
        account_name         winner = N(none);
        // = 获胜者的账户名，初始为 none
        std::vector  board;

        //初始棋盘为空
        void initialize_board() {
          board = std::vector(board_width * board_height, 0);
        }

        //重置游戏
        void reset_game() {
          initialize_board();
          turn = host;
          winner = N(none);
        }
        auto primary_key() const { return challenger; }
        EOSLIB_SERIALIZE( game, (challenger)(host)(turn)
(winner)(board))
    };
```

```
};
```

primary_key 方法对于上面的游戏表定义是必要的，因为它使表知道如何查找表的 key 是哪个字段。

EOSLIB_SERIALIZE 宏定义提供了序列化和反序列化方法，因此操作可以在合约与 nodeos 系统之间来回传递。

8. Action Create（创建游戏）

为了创建这个游戏，我们需要主场账户名和挑战者的账户名：

```
class tic_tac_toe : public eosio::contract {
  public:
  ...
  struct create {
    account_name   challenger;
    account_name   host;
  };
  ...
}
```

9. Action Restart（重启游戏）

为了重新开始这个游戏，我们需要用甲方账户名和乙方账户名来唯一地标识这个游戏。并且，我们需要指定谁来重启这个游戏，因此需要验证合约签名是由谁提供的：

```
class tic_tac_toe : public eosio::contract {
  public:
  ...
  struct restart {
    account_name   challenger;
    account_name   host;
    account_name   by;
```

```
    };
    ...
};
```

10. Action Close（关闭游戏）

为了关闭这个游戏，我们需要甲方账户名和乙方账户名来标识这个游戏：

```
class tic_tac_toe : public eosio::contract {
  public:
    ...
    struct close {
      account_name   challenger;
      account_name   host;
    };
    ...
};
```

11. Action Move（落子）

为了做出一个落子操作，我们需要甲方账户名和乙方账户名来标识这个游戏，并且需要指定谁做出了这个落子操作以及落子的位置：

```
class tic_tac_toe : public eosio::contract {
  public:
    ...
    struct move {
      account_name   challenger;
      account_name   host;
      account_name   by; //正准备落子的账户名
      uint16_t    row;
      uint16_t    column;
    };
    ...
};
```

12. 声明 Action 处理函数

我们需要在.hpp 头文件中声明 Action 处理函数：

```
   void create(const account_name& challenger, const
account_name& host);
   void restart(const account_name& challenger, const
account_name& host, const account_name& by);
   void close(const account_name& challenger, const
account_name& host);
   void move(const account_name& challenger, const account_name&
host, const account_name& by, const uint16_t& row, const uint16_t&
column);
```

以上内容构成合约的头文件 tic_tac_toe.hpp。

13. 主函数

打开 tic_tac_toe.cpp 并且编写代码：

```
#include "tic_tac_toe.hpp"
```

14. Action 处理函数

tic_tac_toe 合约只与发送到 tic.tac.toe 账户的 Action 交互，并根据 Action 的类型做出不同的处理（create、move、restart、close）。因此我们使用 EOSIO_ABI 设置不同 Action 切换处理程序，然后分别定义单独的 Action 处理函数：

```
using namespace eosio;
...
//下面的代码需要放在 Action 处理函数之后
EOSIO_ABI( tic_tac_toe, (create)(restart)(close)(move))
```

15. "create" Action 处理函数

对于"create"Action（创建游戏）处理函数，我们需要：

- 确保该操作具有来自甲方的签名。
- 确保甲方和乙方不是同一个玩家。
- 确保没有现存的游戏。
- 将新创建的游戏状态存储到数据库中。

代码如下：

```
void tic_tac_toe::create(const account_name& challenger, const account_name& host) {
    require_auth(host);
    eosio_assert(challenger != host, "challenger shouldn't be the same as host");

    //检查游戏是否已经存在
    games existing_host_games(_self, host);
    auto itr = existing_host_games.find( challenger );
    eosio_assert(itr == existing_host_games.end(), "game already exists");
    existing_host_games.emplace(host, [&]( auto& g ) {
        g.challenger = challenger;
        g.host = host;
        g.turn = host;
    });
}
```

16. "restart" Action 处理函数

对于"restart" Action（重启游戏）处理函数，我们需要：

- 确保该操作来自甲方/乙方签名。
- 确保游戏存在。

- 确保重新启动操作由甲方/乙方完成。
- 重置游戏。
- 将更新的游戏状态存储到数据库。

代码如下：

```
void tic_tac_toe::restart(const account_name& challenger,
const account_name& host, const account_name& by) {
    require_auth(by);

    //检查游戏是否已经存在
    games existing_host_games(_self, host);
    auto itr = existing_host_games.find( challenger );
    eosio_assert(itr != existing_host_games.end(), "game
doesn't exists");

    //检查游戏是否属于 Action 发送人
    eosio_assert(by == itr->host || by == itr->challenger, "this
is not your game!");

    //重置游戏
    existing_host_games.modify(itr, itr->host, []( auto& g ) {
        g.reset_game();
    });
}
```

17. "close" Action 处理函数

对于"close" Action（关闭游戏）处理函数，我们需要：

- 确保该操作具有来自甲方的签名。
- 确保游戏存在。
- 从数据库中删除游戏。

代码如下：

```
    void tic_tac_toe::close(const account_name& challenger, const
account_name& host) {
        require_auth(host);

        //检查游戏是否已经存在
        games existing_host_games(_self, host);
        auto itr = existing_host_games.find( challenger );
        eosio_assert(itr != existing_host_games.end(), "game
doesn't exists");

        //移除游戏
        existing_host_games.erase(itr);
    }
```

18. "move" Action 处理函数

对于"move" Action（落子）处理函数，我们需要：

- 确保该操作来自甲方/乙方签名。
- 确保游戏存在。
- 确保游戏尚未完成。
- 确保移动操作由甲方/乙方完成。
- 确保这是正确的用户轮次。
- 验证落子是否有效。
- 用新操作更新棋局。
- 将 move_turn 更改为其他玩家。
- 确认是否有赢家。
- 将更新的游戏状态存储到数据库。

代码如下：

```
    void tic_tac_toe::move(const account_name& challenger, const
account_name& host, const account_name& by, const uint16_t& row,
const uint16_t& column ) {
```

```
    require_auth(by);

    //检查游戏是否已经存在
    games existing_host_games(_self, host);
    auto itr = existing_host_games.find( challenger );
    eosio_assert(itr != existing_host_games.end(), "game
doesn't exists");

    //检查游戏是否已经结束
    eosio_assert(itr->winner == N(none), "the game has
ended!");
    //检查游戏是否属于 Action 发送者
    eosio_assert(by == itr->host || by == itr->challenger, "this
is not your game!");
    //检查 Action 发送者是否可以落子
    eosio_assert(by == itr->turn, "it's not your turn yet!");

    //检查用户的落子是否有效
    eosio_assert(is_valid_movement(row, column, itr->board),
"not a valid movement!");
    //完成落子，甲方为 1，乙方为 2
    const uint8_t cell_value = itr->turn == itr->host ? 1 : 2;
    const auto turn = itr->turn == itr->host ? itr->challenger :
itr->host;
    existing_host_games.modify(itr, itr->host, [&]( auto& g )
{
        g.board[row * tic_tac_toe::game::board_width + column]
= cell_value;
        g.turn = turn;
        g.winner = get_winner(g);
    });
  }
```

19. 落子检查

检验落子是否在棋盘内的一个空白格上：

```
  bool is_empty_cell(const uint8_t& cell) {
    return cell == 0;
```

```
    }
    bool is_valid_movement(const uint16_t& row, const uint16_t&
column, const vector<uint8_ t> & board) {
        uint32_t movement_location = row * tic_tac_toe::game::
board_width + column;
        bool is_valid = movement_location < board.size() &&
is_empty_cell(board[movement_ location]);
        return is_valid;
    }
```

20. 获取胜利方

胜利方定义为第一位成功将其 3 个标记放置在行、列或对角线上的玩家。函数中使用了 pow 方法，所以需要在 cpp 文件中使用#include，代码如下：

```
    #include
    ...
    account_name get_winner(const tic_tac_toe::game& current_
game) {
        auto& board = current_game.board;
        bool is_board_full = true;
        vector consecutive_column(tic_tac_toe::game::board_width,
1 );
       vector consecutive_row(tic_tac_toe::game::board_height,
1 );
        uint32_t consecutive_diagonal_backslash = 1;
        uint32_t consecutive_diagonal_slash = 1;

        //使用乘法来确定是否在行、列和对角线上形成了连续值
        uint32_t host_winning_value = uint32_t(pow(1, tic_tac_toe::
game::board_width));
        uint32_t challenger_winning_value = uint32_t(pow(2,
tic_tac_toe::game::board_width));
        for (uint32_t i = 0; i < board.size(); i++) {
           is_board_full &= is_empty_cell(board[i]);
           uint16_t row = uint16_t(i / tic_tac_toe::game::
board_width);
```

```
        uint16_t column = uint16_t(i % tic_tac_toe::game::
board_width);

        //计算行、列的连续值
        consecutive_row[column] *= board[i];
        consecutive_column[row] *= board[i];
        //计算对角线的连续值
        if (row == column) {
          consecutive_diagonal_backslash *= board[i];
        }
        if ( row + column == tic_tac_toe::game::board_width - 1) {
          consecutive_diagonal_slash *= board[i];
        }
      }

      //根据计算的值确定胜利方
      vector aggregate = { consecutive_diagonal_backslash,
consecutive_diagonal_slash };
      aggregate.insert(aggregate.end(),
consecutive_column.begin(), consecutive_column.end());
      aggregate.insert(aggregate.end(),
consecutive_row.begin(), consecutive_row.end());
      for (auto value: aggregate) {
        if (value == host_winning_value) {
          return current_game.host;
        } else if (value == challenger_winning_value) {
          return current_game.challenger;
        }
      }
      //检查棋盘是否已满
      return is_board_full ? N(draw) : N(none);
    }
```

以上是 tic_tac_toe.cpp 的主要内容。

6.6.3 创建 ABI 文件

EOS 智能合约需要 ABI 文件（又名应用程序二进制接口），这样智能合约才可以理解你以二进制形式发送的操作。

我们可以使用 EOS 自带的 eosiocpp 命令基于 tic_tac_toe.hpp 来自动生成 ABI 文件，命令如下：

```
eosiocpp -g tic_tac_toe.abi tic_tac_toe.hpp
```

生成好的 ABI 结构如下：

```
{
  ...
  "structs": [{
      "name": "game",
      "base": "",
      "fields": [
        {"name":"challenger", "type":"account_name"},
        {"name":"host", "type":"account_name"},
        {"name":"turn", "type":"account_name"},
        {"name":"winner", "type":"account_name"},
        {"name":"board", "type":"uint8[]"}
      ]
    },...
  ],
  "tables": [{
        "name": "games",
        "type": "game",
        "index_type": "i64",
        "key_names" : ["challenger"],
        "key_types" : ["account_name"]
      }
  ],
  ...
}
```

其主要由以下几个板块组成。

- types：可以由另一个数据结构或内置类型表示的类型列表。

- structs：合约中的操作/表使用的数据结构列表。
- actions：合约中可用操作的清单。
- tables：合约中可用的数据表列表。

6.6.4　编译合约

继续使用 eosiocpp 命令将代码文件编译为 wast 文件：

```
eosiocpp -o tic_tac_toe.wast tic_tac_toe.cpp
```

6.6.5　部署合约

现在，wast 和 ABI 文件（tic_tac_toe.wast 和 tic_tac_toe.abi）已准备就绪，可以进行部署了。

创建一个目录（我们称之为 tic_tac_toe）并复制你生成的 tic_tac_toe.wast、tic_tac_toe.abi 文件，执行下面的命令：

```
$ cleos set contract tic.tac.toe tic_tac_toe
```

该命令将 tic_tac_toe 合约部署到 tic.tac.toe 账户，因此执行前需要记得将 tic.tac.toe 账户置于解锁状态。

6.6.6　命令行测试游戏

创建游戏：

```
$ cleos push action tic.tac.toe create '{"challenger":"inita",
"host":"initb"}' --permission initb@active
```

落子：

```
$ cleos push action tic.tac.toe move '{"challenger":"inita",
"host":"initb", "by":"initb", "mvt": {"row":0, "column":0} }'
--permission initb@active
$ cleos push action tic.tac.toe move '{"challenger":"inita",
"host":"initb", "by":"inita", "mvt": {"row":1, "column":1} }'
--permission inita@active
```

重新开始游戏：

```
$ cleos push action tic.tac.toe restart '{"challenger":"inita",
"host":"initb", "by":"initb"}' --permission initb@active
```

关闭游戏：

```
$ cleos push action tic.tac.toe close '{"challenger":"inita",
"host":"initb"}' --permission initb@active
```

查看棋盘状态：

```
$ cleos get table tic.tac.toe initb games
{
  "rows": [{
      "challenger": "inita",
      "host": "initb",
      "turn": "inita",
      "winner": "none",
      "board": [
        1,
        0,
        0,
        0,
        2,
        0,
        0,
        0,
        0
      ]
    }
  ],
```

```
  "more": false
}
```

6.6.7　创建 Web 前端应用程序

井字棋游戏的 Web 前端主要由以下部分组成。

- 用户输入账户名和私钥，用于在客户端签名交易。
- 顶部游戏按钮：创建游戏、重新开始、关闭游戏。
- 从合约数据库获取并更新当前棋盘状态。
- 点击空白格后提交落子（Move）Action。

我们可以基于第 5 章中创建的钱包程序新建一个井字棋工程，该游戏前端界面如图 6-6 所示。

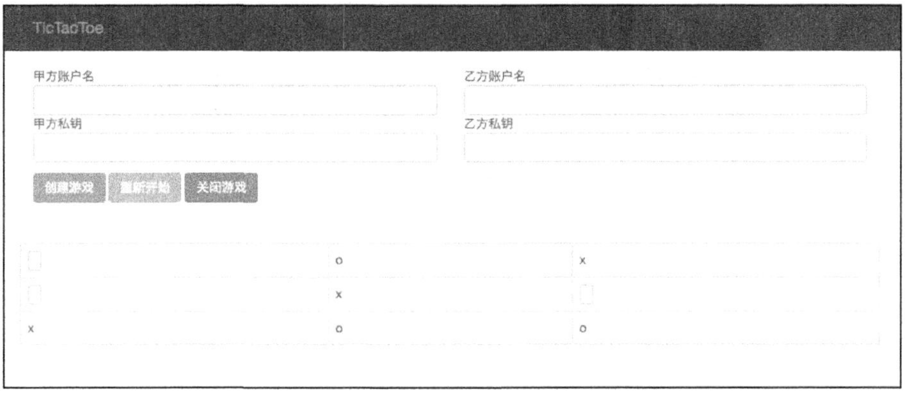

图 6-6　井字棋游戏前端界面

1. 获取并更新当前棋盘状态

调用 get_table_rows 接口，我们可以获取并更新当前棋盘状态，然后与前端表格绑定，如图 6-7 所示。

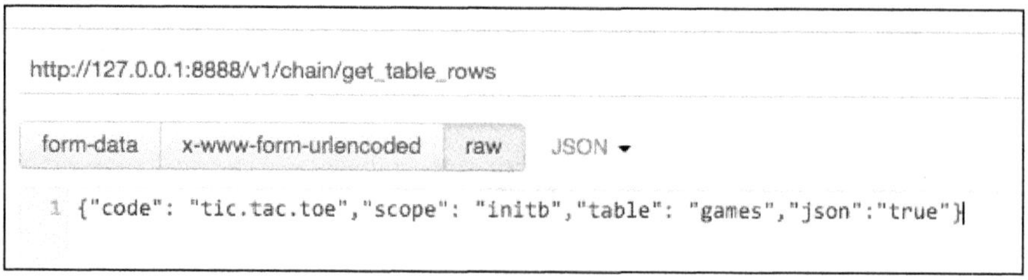

图 6-7　获取并更新当前棋盘状态

2. 提交落子（Move）Action

我们需要用到第 5 章提到的 eosjs2 库，在 Web 端进行交易签名并提交，代码如下：

```
<pre style="width: 100%; height: 100%; margin:0px; "></pre>
<script src='dist-web/eosjs2-debug.js'></script>
<script src='dist-web/eosjs2-jsonrpc-debug.js'></script>
<script src='dist-web/eosjs2-jssig-debug.js'></script>
<script>
    let pre = document.getElementsByTagName('pre')[0];
    let rpc = new eosjs2_jsonrpc.JsonRpc('http://localhost:
8000');
    let signatureProvider = new eosjs2_jssig.default
(['5JtUScZK2XEp3g9gh7F8bwtPTRAkASmNrrftmx4AxDKD5K4zDnr']);
    let api = new eosjs2.Api({ rpc, signatureProvider });
    (async () => {
        try {
            let result = await api.pushTransaction({
                blocksBehind: 3,
                expireSeconds: 10,
                actions: [{
                    account: 'tic.tac.toe', //合约账户
                    name: 'move', // Action
                    authorization: [{
                        actor: 'initb',
                        permission: 'active',
                    }],
                    //参数
```

```
                        data: {
                            challenger:'inita',
                            host:'initb',
                            by:'initb',
                            mvt: {'row':0, 'column':0},
                        },
                    }],
                });
                pre.textContent += '\n\nTransaction pushed!\n\n' +
JSON.stringify(result, null, 4);
            } catch (e) {
                pre.textContent += '\nCaught exception: ' + e;
                if (e instanceof eosjs2_jsonrpc.RpcError)
                    pre.textContent += '\n\n' + JSON.stringify(e.
json, null, 4);
            }
        })();
    </script>
```

具体代码可以查看本书官网上开源项目中的 5-TicTacToe 文件夹。

6.7　应用实践 6：Todolist DApp

Todolist DApp 是由 EOS Asia 超级节点开源的示例程序，EOS Asia 是亚洲最具技术实力和最国际化的 EOS 超级节点竞选者，同时也是 EOS Gems 和 Traffic Exchange Token 这两个项目背后的开发者。

具体代码可以在 GitHub 上搜索 eos-todo 找到。

Todolist（待办事项表）DApp 的功能为，能勾掉已经完成的事项，添加新事项，以及删除不需要的事项。

在示例中，使用 todos 作为 table 名，todo 作为 struct。Todolist DApp 界面如图 6-8 所示。

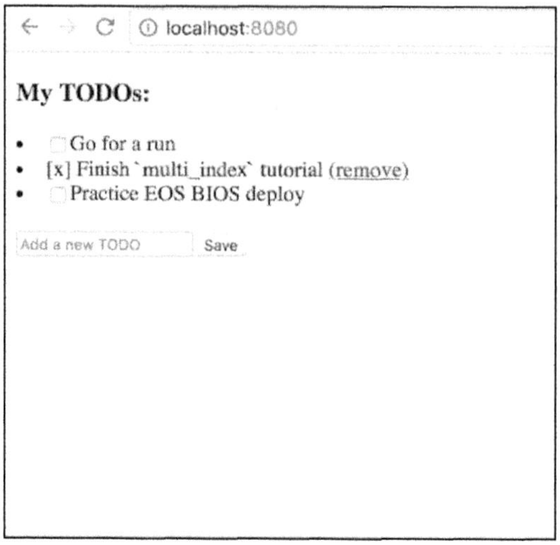

图 6-8 Todolist DApp 界面

6.7.1 创建 table

从初始化第一个 table 开始，首先，我们向 eosio::multi_index 传入两个模板参数。第一个参数是 table 名，第二个参数是定义 struct 的数据结构，代码如下：

```
struct todo {
  uint64_t id;
  uint64_t primary_key() const { return id; }
  EOSLIB_SERIALIZE(todo, (id))
};
typedef eosio::multi_index<N(todos), todo> todo_table;
todo_table todos;
```

struct 中定义了一个 64 位无符号整数 ID，并通过 primary_key 访问它。把多索引定义成 typedef，暂时不需要将它实例化。

然后加入其他属性。description 为待办事项的描述，completed 表示是否已完成，代码如下：

```
// @abi table todos i64
struct todo {
  uint64_t id;
  std::string description;
  uint64_t completed;
  uint64_t primary_key() const { return id; }
  EOSLIB_SERIALIZE(todo, (id)(description)(completed))
};
typedef eosio::multi_index<N(todos), todo> todo_table;
todo_table todos;
```

6.7.2 创建 Action

所有数据库都有增删改查的功能，在这个合约中我们不需要实现“查”，因为数据可以直接通过 get table 获取。

1. Create Action（创建事项）

向列表中添加一个待办事项：

```
// @abi action
void create(account_name author, const uint32_t id, const
std::string& description) {
  todos.emplace(author, [&](auto& new_todo) {
    new_todo.id  = id;
    new_todo.description = description;
    new_todo.completed = 0;
  });
  eosio::print("todo#", id, " created");
}
```

emplace 方法中的第一个参数是必需的。

2. Update Action（更新完成事项）

更新完成事项的方法可以通过更新参数 completed 的状态来实现：

```
  // @abi action
  void complete(account_name author, const uint32_t id) {
    auto todo_lookup = todos.find(id);
    eosio_assert(todo_lookup != todos.end(), "Todo does not 
exist");
    todos.modify(todo_lookup, author, [&](auto& 
modifiable_todo) {
      modifiable_todo.completed = 1;
    });
    eosio::print("todo#", id, " marked as complete");
  }
```

3. Delete Action（删除事项）

根据账户名和 ID，删除多余的事项：

```
  // @abi action
  void destroy(account_name author, const uint32_t id) {
    auto todo_lookup = todos.find(id);
    todos.erase(todo_lookup);
    eosio::print("todo#", id, " destroyed");
  }
```

6.7.3 部署和命令行测试

生成合约 ABI 和 WASM：

```
  eosiocpp -o todolist.wast todolist.cpp && eosiocpp -g 
todolist.abi todolist.cpp
```

建立合约账户 todo.user，部署合约：

```
    cleos create account eosio todo.user
EOS7ijWCBmoXBi3CgtK7DJxentZZeTkeUnaSDvyro9dq7Sd1C3dC4
EOS7ijWCBmoXBi3CgtK7DJxentZZeTkeUnaSDvyro9dq7Sd1C3dC4
    cleos set contract todo.user ../todo -p todo.user
```

下面进行命令行测试。

添加新的待办事项：

```
    $ cleos push action todo create '["todo", 1, "hello world"]'
-p todo.user
    executed transaction:
bc5bfbd1e07f6e3361d894c26d4822edcdc2e42420bdd38b46a4fe55538aff
cf  248 bytes  107520 cycles
    #         todo <= todo::create
{"author":"todo","id":1,"description":"hello world"}
    >> todo created
```

获取待办事项列表：

```
    $ cleos get table todo todo todos
```

6.7.4 前端实现

该项目前端使用 React 开发实现，并使用 eosjs 库与 EOS RPC API 交互。

打开 src/index.jsx 文件，对 EOS 开发环境进行配置后即可连接 EOS 测试环境，代码如下：

```
    const EOS_CONFIG = {
      contractName: "todo", //合约名称
      contractSender: "todo", //账户名
      clientConfig: {
        keyProvider: [''], //私钥
        httpEndpoint: 'http://127.0.0.1:8888' //EOS RPC 接口地址
      }
```

```
    }
```

在代码中通过 eosjs 库的方法可以直接获取 table 数据：

```
    loadTodos() {
      this.eosClient.getTableRows('todos', 'todo', 'todo').
then((data) => {
        this.setState({ todos: data })
      }).catch((e) => {
        console.error(e);
      })
    }
```

调用合约 Action 的方法如下：

```
    this.eosClient.contract(EOS_CONFIG.contractName).
then((contract) => {
        contract.create(
          EOS_CONFIG.contractSender,
          (this.state.todos.length + 1),
          description,
          { authorization: [EOS_CONFIG.contractSender] }
        ).then((res) => { this.setState({ loading: false }) })
        .catch((err) => { this.setState({ loading: false });
console.log(err) })
      }
```

下面启动服务器。

执行下面的命令，然后访问 http://localhost:8080/即可测试：

```
cd frontend
npm install
npm start
```

关于 React 的数据绑定和更新内容本书不做赘述，读者可以自行下载项目的代码仓库进行学习和测试。

6.8 应用实践 7：EOS Blog DApp

该项目是 EOS 黑客马拉松推荐的入门项目，它基于 React+eosjs+EOS 合约实现了一个 Blog 应用。

具体代码可以在 GitHub 上搜索 eosio-hackathon-starter 找到。

6.8.1 合约开发

我们将从 table 设计、Action 设计以及合约的编译和部署来看看 EOS Blog DApp 的结构。

1. table

首先在 blog.cpp 中定义了 post table 和 post struct。post struct 中定义了 blog 的基础数据，包括 pkey（主键）、author（作者 ID）、title（标题）、content（内容）、tag（标签）、likes（点赞次数）。

2. Action

根据 Blog 的功能，定义相应的 Action，分别介绍如下。

createpost——新建 Blog，代码如下：

```
    //@abi action
    void createpost(const account_name author, const string
&title, const string &content, const string &tag)
    {
      require_auth(author);
      post_index posts(_self, _self);
      //新建 Blog
```

```
    posts.emplace(author, [&](auto &post) {
      post.pkey = posts.available_primary_key();
      post.author = author;
      post.title = title;
      post.content = content;
      post.tag = tag;
      post.likes = 0;
    });
  }
```

deletepost——删除 Blog，代码如下：

```
  void deletepost(const uint64_t pkey)
  {
    post_index posts(_self, _self);
    auto iterator = posts.find(pkey);
    eosio_assert(iterator != posts.end(), "Post for pkey could
not be found");
    //检查是否有权限进行删除操作
    require_auth(iterator->author);
    posts.erase(iterator);
  }
```

editpost——编辑 Blog，代码如下：

```
  void editpost(const uint64_t pkey, const string &title, const
string &content, const string &tag)
  {
    post_index posts(_self, _self);
    auto iterator = posts.find(pkey);
    eosio_assert(iterator != posts.end(), "Post for pkey could
not be found");
    //检查是否有权限进行更新操作
    require_auth(iterator->author);
    posts.modify(iterator, iterator->author, [&](auto &post)
{
      post.title = title;
      post.content = content;
      post.tag = tag;
```

```
    });
  }
```

likepost——点赞，代码如下：

```
  //@abi action
  void likepost(const uint64_t pkey)
  {
    //所有人可以调用，不需要检查权限
    post_index posts(_self, _self);
    //检查是否已存在
    auto iterator = posts.find(pkey);
    eosio_assert(iterator != posts.end(), "Post for pkey not found");
    posts.modify(iterator, 0, [&](auto &post) {
      print("Liking: ",
            post.title.c_str(), " By: ", post.author, "\n");
      post.likes++;
    });
  }
```

3. 合约的编译和部署

（1）创建合约账户

```
cleos create account eosio blog <Owner Public Key> <Active Public Key>
```

（2）编译合约

```
eosiocpp -o contract/blog.wast contract/blog.cpp
```

（3）生成 ABI 文件

```
eosiocpp -g contract/blog.abi contract/blog.cpp
```

（4）部署合约

```
    cleos set contract
blog ./contract ./contract/blog.wast ./contract/blog.abi
```

（5）用命令行发一篇 Blog

```
    cleos push action blog createpost '["blog", "Sample Blog Title",
"Sample blog content blah blah", "misc"]' -p blog@active
```

（6）查看 Blog 是否已经保存到合约数据库中

```
    cleos get table blog blog post
```

6.8.2 前端开发

1. 环境配置

打开 frontend/.env 文件，更新相应的配置，包括使用的区块链环境和账户等：

```
    REACT_APP_EOS_ENV=local
    REACT_APP_EOS_ACCOUNT=blog
    REACT_APP_EOS_PRIVATE_KEY=
    REACT_APP_EOS_CHAIN_ID=
    REACT_APP_EOS_LOCAL_CONTRACT_ACCOUNT=blog
    REACT_APP_EOS_TEST_CONTRACT_ACCOUNT=testblogeos
    REACT_APP_EOS_LOCAL_HTTP_URL=http://localhost:8888
    REACT_APP_EOS_TEST_HTTP_URL=http://jungle.cryptolions.io:3
8888
```

其中 REACT_APP_EOS_CHAIN_ID（chain id）可以通过下面的命令获取：

```
    cleos get info
```

项目文件 frontend/lib/eos-client.js 对 eosjs 的方法做了封装，提供了

getTableRows 和 transaction 两个方法，方便调用。

2. 获取 table 数据

在 App.js 中使用下面的代码初始化 EOSClient 对象：

```
this.eos = new EOSClient(contractAccount, contractAccount);
```

然后可以使用 this.eos 对象获取 table 数据：

```
loadPosts = () => {
  this.eos
    .getTableRows('post')
    .then(data => {
      console.log(data);
      this.setState({ posts: data.rows });
    })
    .catch(e => {
      console.error(e);
    });
};
```

3. 调用 Action、提交交易

使用 transaction 方法提交交易：

```
this.eos
  .transaction(
    process.env.REACT_APP_EOS_ACCOUNT,
    'createpost', {
    author: process.env.REACT_APP_EOS_ACCOUNT,
    ...post
  })
  .then(res => {
    console.log(res);
    this.setState({ loading: false });
  })
```

```
        .catch(err => {
          this.setState({ loading: false });
          console.log(err);
        });
```

4. 启动 Web 服务

启动 Web 服务的命令行代码如下：

```
cd frontend
npm start
```

如果发生 CORS 跨站调用错误，需要修改 nodeos 的 config.ini 文件，下面分别是该文件在 Mac OS 和 Linux 系统中的位置：

Mac OS：~/Library/Application Support/eosio/nodeos/config

Linux：~/.local/share/eosio/nodeos/config

添加内容后重启 nodeos：

```
access-control-allow-origin = *
```

6.9 其他著名 EOS DApp 案例

6.9.1 Everipedia——基于 EOS 的维基百科

1. 什么是 Everipedia

Everipedia 的文章标记、审核、保存都基于 EOS，整个编辑过程将基于智能合约，同时通过 Token 系统激励作者，从而创建一个更加真实、准确的 pedia 平台。Everipedia DApp 界面如图 6-9 所示。

图 6-9　Everipedia DApp 界面

2. 互联网应用 Wikipedia 的问题

Everipedia 作为区块链应用针对的痛点就是目前 Wikipedia 面临的问题。

（1）过于中心化，文章的编辑和审核由少数人决定。

（2）缺少商业模式，目前的捐赠模式不能长期维持。

（3）缺少激励机制，参与的编辑没有工资，更多的是出于兴趣参与。

这些问题导致最近 Wikipedia 的编辑越来越少。

3. 什么是 IQ

IQ 是 Everipedia 的 Token，基于 EOS。根据白皮书草稿，IQ 总量 1 亿个，其中 50%将分发给社区，另外 30%将在 100 年里分发给内容的编写者和审核者，剩下的 20%留给开发团队。

这种基于社区的内容价值，通过 Token 分享给社区的模式，其实在 Steem 中已经被验证过。

4. 团队、技术架构

不久前，Wikipedia 的联合创始人 Larry Sanger 宣布加入 Everipedia，出任 CIO。技术架构用 EOS + IPFS 结构，EOS 负责账户、数据，IPFS 负责图片和视频存储，真正地实现了去中心化。

5. 竞品

Everipedia 目前唯一的竞品是 Lunyr（LUN），Lunyr 基于以太坊生态，目前测试版已上线。

6.9.2 Chintai——EOS 通证租赁平台

1. 什么是 Chintai

Chintai 是一个全功能的通证租赁平台，可在让 EOS 代币持有者能够通过通证租赁产生收入的同时为 DApp 开发者提供所需的关键资源。高性能的 Chintai 租赁引擎将通过智能合约执行市场交易，以创建一个繁荣的通证租赁平台。

Chintai 将提供高度灵活的 EOS 池，对于比起直接出售，更愿意将 EOS 通证租赁给开发者的人来说，EOS 池为他们提供了有满意的渠道，并带来了应有的收入。

根据 Chintai 官网的介绍，可以知道它的目的是为 EOS 区块链提供支持，丰富 EOS 生态系统，打造一个高性能、低费用的社区拥有通证租赁平台。Chintai DApp 界面如图 6-10 所示。

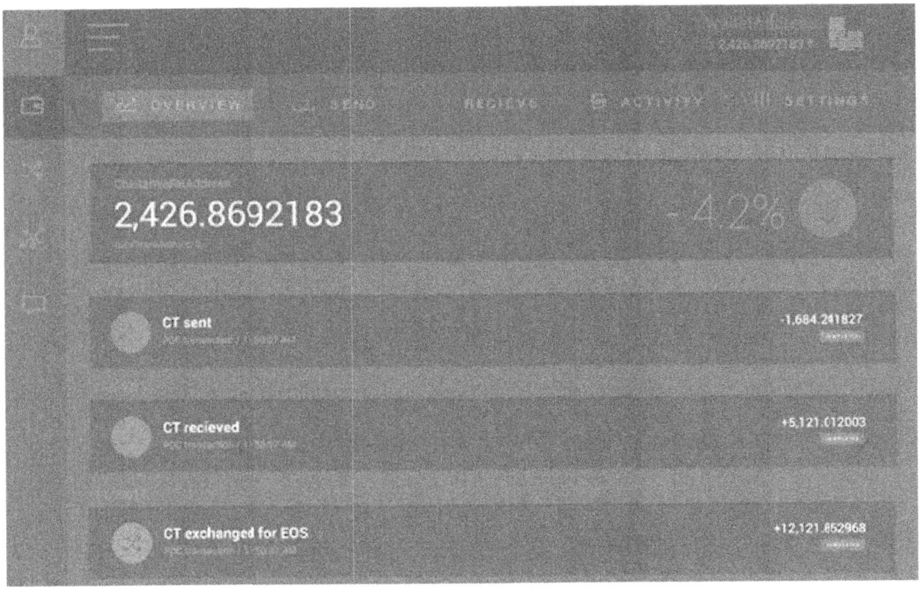

图 6-10　Chintai DApp 界面

2. Chintai 的主要特点

Chintai 的主要特点介绍如下。

（1）强大的通证租赁市场。

（2）快速的订单执行。

（3）用户之间无偿进行交易。

（4）先进的订单式功能。

（5）高速流动的带宽授权池。

（6）安全和透明的仲裁可能性。

3. Chintai 的付款机制

Chintai 的当前代币现货定价和付款机制将会通过一个价值转移工具"Chintai 代币"来实现。这个代币的供应量在最开始是零，当每个四分之一周期（每周）结束时，每一个租出去的 EOS 代币将会释放一个 Chintai 代币并交给出租人。当每个周期（每月）结束时，承租人必须用 EOS 代币来采购出租人全部的 Chintai 代币。

Chintai 的买入价将由承租人决定，主要的基础是先前周期的代币价格、预期的 DApp 项目与带宽。当然，当承租人违约时，他将面临声誉受损及仲裁的现实。需要注意的是，Chintai 代币是不可转让的，并会在回购过程中销毁。另外，出租人绝不会丢失原来属于他们的 EOS 代币。

总的来说，数字货币租赁平台的概念还是比较新鲜的，也切实满足了当前 EOS 开发的需求，为丰富 EOS 生态系统提供了很多便利条件。

6.9.3 EOSfinex——基于 EOS 的去中心化交易所

EOSfinex 数字资产交易所具有高效、透明和可靠等特点。基于 EOS，它不仅能够提供高性能线上交易服务，还能够改善区块链可扩展性，优化全部去中心化交易。

去中心化交易平台最能代表下一代区块链的根本性变革能力，而 EOS 强大的性能将有望真正实现去中心化交易所的突破，解决目前中心化交易所面临的各种问题。

EOSfinex DApp 界面如图 6-11 所示。

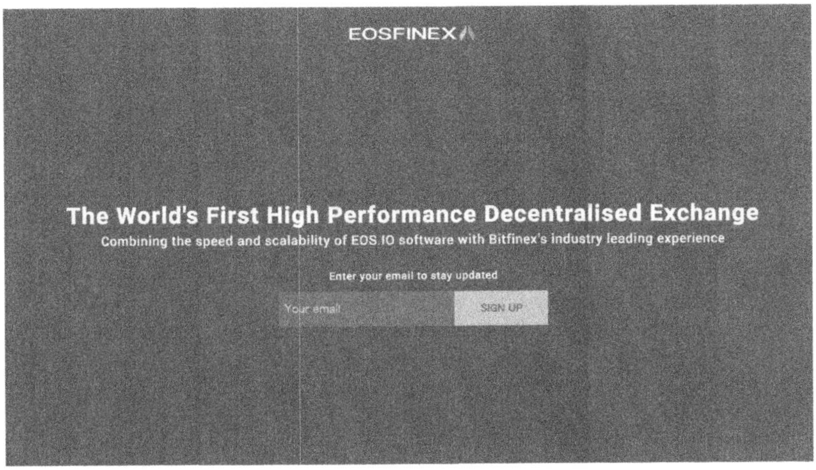

图 6-11 EOSfinex DApp 界面

6.9.4 RiskExchange——基于 EOS 的风险交易所

RiskExchange 是由著名的区块链保险技术团队 MediShares 开发的基于 EOS 的风险交易所。在传统世界中，我们使用保单代表风险收益，但保单具有不可拆分、收益权变更复杂、再保险流程烦琐等问题。RiskExchange 通过将风险通证化，使用户可以在上面生成代表特定风险的 Token 通证，并进行转让、交易和申请理赔等操作。

基于 EOS 高性能的特点，其模式兼具相互保险和再保险的特点，充分利用区块链的公正、透明、通证的可标记唯一性，让共担风险变得更加容易。

RiskExchange 的测试版本已经开源，各位读者如果有兴趣，可以下载代码仓库进行学习和了解。

RiskExchange DApp 界面如图 6-12 所示。

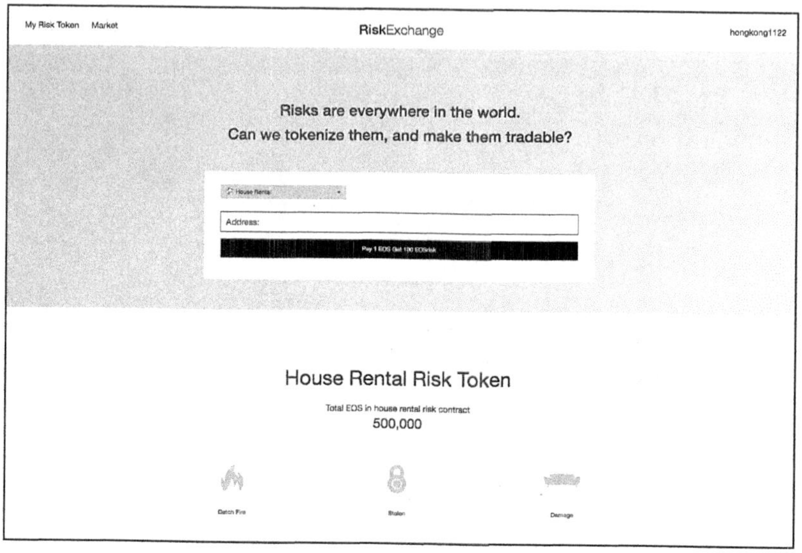

图 6-12　RiskExchange DApp 界面

6.10　总结

本章我们学习了 EOS DApp 的常用架构和重要插件，并通过 3 个应用实践创建了 3 个不同的 DApp，以及介绍了目前在 EOS 生态上已经开发出来的几个有实际应用落地场景的著名 DApp 应用。

第7章

部署基于 EOS 的侧链

7.1 主链和侧链

7.1.1 主链

主链最大的特点是有独特的设计思想和社区共识。EOS 很有意思的地方在于，其开发团队 Block.One 并不负责主链的启动，启动过程完全由社区自主完成。

7.1.2 侧链

为了扩充和完善主链，侧链通过跨链技术与其他链打通。侧链是以锚定某种原链上的 Token 为基础的新区块链，就像美金锚定到黄金。

侧链的关键是双向锚定机制，双向锚定是实现主区块链和第二层区块链转移的机制。目前双向锚定设计主要有单一保管人、多重签名、侧链、驱动链和混合设计等多种模式。其中单一保管人模式指的是建立一个类似交易所的第三方来锁定和执行资产转移；多重签名模式则通过组建一组公证人来执行；侧链模式通过验证 SPV（简单支付验证）协议来强制执行；驱动链模式通过矿工投票（设定奖惩机制保证矿工诚实）来执行；混合设计模式是以上多种模式的混合。

侧链生态的好处在于，它可以独立发展，并不受限于主链的开发进度、资源价格、性能等因素。

在 EOS Dawn 4.0 之前，BM 将 EOS 性能扩展方案的方向主要放在侧链上，不过在 Dawn 4.0 之后，其重心转移到了子链上。截至本书完稿时，关于 EOS 的侧链定义和实现方案仍在社区讨论中。

EOS 侧链的架构如图 7-1 所示。

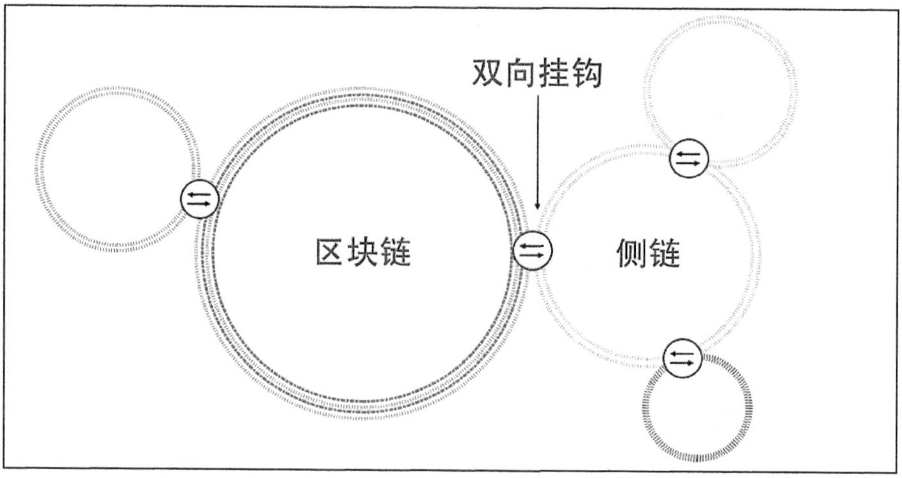

图 7-1 EOS 侧链的架构

7.1.3 分层网络架构

根据最新的 EOS 白皮书，其扩容方案通过两层网络 Core Network 和 Access Network 实现，Access Network 以访问层的形式存在，为网络提供更强大的可用性，搭建的工作主要由超级节点负责。

EOS 分层网络架构如图 7-2 所示。

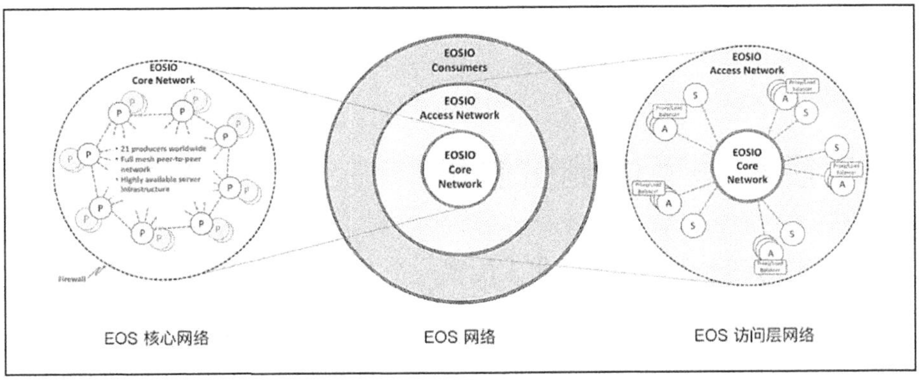

图 7-2　EOS 分层网络架构

7.2　侧链的意义

7.2.1　根据资源付费的无币区块链

基于 EOS 的抵押资源使用模型，可以创建一条只需要开发商锁定代币、用户免费使用的侧链。就像普通付费网站/软件那样向用户收取人民币/美元，然后提供区块链服务，开发商只需要锁定代币就可以运行 DApp。这种模式对于传统的互联网开发团队和互联网用户来说是非常容易理解和接受的。

7.2.2　降低开发资源费用

在本书写作期间，由于 EOS 主链内存价格过高，单就新建一个 EOS 账户来说，折算成人民币的价格大概是 100 多元，这对于大多数 DApp 开发者来说，不管是部署一个 DApp 需要消耗的资源费用，还是新用户进入的成本，都是非常高的。BM 也表示，建议开发者先选择在侧链上跑自己的应用，从而规避掉主链的高成本，长期来看主链作为一个结算层存在可能更合适。

7.3 启动多节点测试侧链

本节将介绍如何在一台主机上配置一个多节点的 EOS 测试侧链，主要用到 nodeos、keosd、cleos 这 3 个命令行工具。

该网络需要通过第一个特殊的 bios 节点，注册其他节点成为出块节点。图 7-3 中为该多节点测试侧链的架构，你需要打开 4 个命令行窗口来运行各个模块。

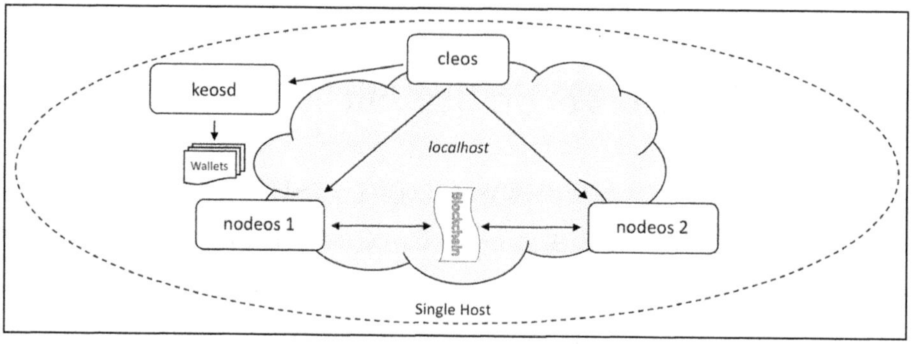

图 7-3 该多节点测试侧链的架构

1. 启动钱包管理

首先启动 keosd 进行钱包管理：

```
keosd --http-server-address 127.0.0.1:8899
```

命令成功后会返回如下信息：

```
   2493323ms thread-0   wallet_plugin.cpp:39
plugin_initialize    ] initializing wallet plugin
   2493323ms thread-0   http_plugin.cpp:141
```

```
plugin_initialize    ] host: 127.0.0.1 port: 8899
   2493323ms thread-0   http_plugin.cpp:144
plugin_initialize    ] configured http to listen on 127.0.0.1:8899
   2493323ms thread-0   http_plugin.cpp:213
plugin_startup       ] start listening for http requests
   2493324ms thread-0   wallet_api_plugin.cpp:70
plugin_startup       ] starting wallet_api_plugin
```

keosd 进程会监听 127.0.0.1:8899 端口。保持 keosd 继续运行，然后切换到一个新的命令行窗口。

2. 创建默认钱包

接下来，在新窗口中使用 cleos 创建一个默认钱包：

```
cleos --wallet-url http://localhost:8899  wallet create
```

该命令会输出如下结果，请保存好 password，之后还会用到：

```
Creating wallet: default
Save password to use in the future to unlock this wallet.
Without password imported keys will not be retrievable.
"PW5JsmfYz2wrdUEotTzBamUCAunAA8TeRZGT57Ce6PkvM12tre8Sm"
```

3. 导入私钥

接下来往创建好的钱包中导入私钥：

```
   $ cleos wallet import
5KQwrPbwdL6PhXujxW37FSSQZ1JiwsST4cqQzDeyXtP79zkvFD3
   imported private key for:
EOS6MRyAjQq8ud7hVNYcfnVPJqcVpscN5So8BhtHuGYqET5GDW5CV
```

4. 启动第一个节点

切换到第 3 个命令行窗口，输入下面的命令启动第一个节点：

```
nodeos --enable-stale-production --producer-name eosio
--plugin eosio::chain_api_plugin --plugin eosio::net_api_plugin
```

该命令启动了一个特殊的节点，即 bios 节点。如果一切正常，在命令输出的日志中，你应该可以连续不断地看到出块信息日志。

5. 启动更多的节点

下面启动更多的节点，首先你需要加载 eosio.bios 智能合约。该合约提供了系统资源管理和 API 访问权限的功能。你可以回到第 2 个命令行窗口，输入下面的命令：

```
cleos --wallet-url http://localhost:8899 set contract eosio
build/contracts/eosio.bios
```

我们需要新建一个账户作为节点出块账户，命名为 inita。因此，先新建一个密钥对，然后将私钥导入钱包中：

```
cleos create key
```

该命令会输出类似下面的公/私钥对：

```
Private key:
5JgbL2ZnoEAhTudReWH1RnMuQS6DBeLZt4ucV6t8aymVEuYg7sr
Public key:
EOS6hMjoWRF2L8x9YpeqtUEcsDKAyxSuM1APicxgRU1E3oyV5sDEg
```

然后用下面的命令将私钥导入钱包：

```
cleos --wallet-url http://localhost:8899 wallet import
5JgbL2ZnoEAhTudReWH1RnMuQS6DBeLZt4ucV6t8aymVEuYg7sr
```

```
    imported private key for:
EOS6hMjoWRF2L8x9YpeqtUEcsDKAyxSuM1APicxgRU1E3oyV5sDEg
```

接下来创建 inita 账户，create account 命令允许分别指定 Owner 和 Active 对应的公钥，在这里我们使用同一个公钥：

```
    cleos --wallet-url http://localhost:8899 create account eosio
inita EOS6hMjoWRF2L8x9YpeqtUEcsDKAyxSuM1APicxgRU1E3oyV5sDEg
EOS6hMjoWRF2L8x9YpeqtUEcsDKAyxSuM1APicxgRU1E3oyV5sDEg
    executed transaction:
d1ea511977803d2d88f46deb554f5b6cce355b9cc3174bec0da45fc16fe9d5
f3  352 bytes  102400 cycles
    #        eosio <= eosio::newaccount
{"creator":"eosio","name":"inita","owner":{"threshold":1,"keys
":[{"key":"EOS6hMjoWRF2L8x9YpeqtUEcsDK...
```

切换到第 4 个命令行窗口，我们用 nodeos 命令启动第二个节点。该命令比启动第一个节点时的命令要长很多，为了避免和第一个节点冲突，我们不能使用默认的配置，而需要单独设置不同的端口、目录和密钥信息，命令如下：

```
    nodeos --producer-name inita --plugin eosio::chain_api_plugin
--plugin eosio::net_api_plugin --http-server-address
127.0.0.1:8889 --p2p-listen-endpoint 127.0.0.1:9877
--p2p-peer-address 127.0.0.1:9876 --config-dir node2 --data-dir
node2 --private-key
[\"EOS6hMjoWRF2L8x9YpeqtUEcsDKAyxSuM1APicxgRU1E3oyV5sDEg\",\"5
JgbL2ZnoEAhTudReWH1RnMuQS6DBeLZt4ucV6t8aymVEuYg7sr\"]
```

启动成功后，窗口会输出类似下面的区块链状态信息：

```
    2393147ms thread-0   producer_plugin.cpp:176
plugin_startup       ] producer plugin:  plugin_startup() end
    2393157ms thread-0   net_plugin.cpp:1271
start_sync          ] Catching up with chain, our last req is 0,
theirs is 8249 peer dhcp15.ociweb.com:9876 - 295f5fd
    2393158ms thread-0   chain_controller.cpp:1402
```

```
validate_block_heade ] head_block_time 2018-03-01T12:00:00.000,
next_block 2018-04-05T22:31:08.500, block_interval 500
    2393158ms thread-0   chain_controller.cpp:1404
validate_block_heade ] Did not produce block within block_interval
500ms, took 3061868500ms)
    2393512ms thread-0   producer_plugin.cpp:241
block_production_loo ] Not producing block because production is
disabled until we receive a recent block (see:
--enable-stale-production)
    2395680ms thread-0   net_plugin.cpp:1385
recv_notice          ] sync_manager got last irreversible block
notice
    2395680ms thread-0   net_plugin.cpp:1271
start_sync           ] Catching up with chain, our last req is 8248,
theirs is 8255 peer dhcp15.ociweb.com:9876 - 295f5fd
    2396002ms thread-0   producer_plugin.cpp:226
block_production_loo ] Previous result occurred 5 times
    2396002ms thread-0   producer_plugin.cpp:244
block_production_loo ] Not producing block because it isn't my turn,
its eosio
```

此时第二个节点仍处于闲置状态，并不会出块，如果我们需要把它变成一个Active出块节点，首先在bios节点处执行下面的命令，注册一下inita：

```
    cleos --wallet-url http://localhost:8899 push action eosio
setprods "{ \"schedule\": [{\"producer_name\":
\"inita\",\"block_signing_key\":
\"EOS6hMjoWRF2L8x9YpeqtUEcsDKAyxSuM1APicxgRU1E3oyV5sDEg\"}]}"
-p eosio@active
    executed transaction:
2cff4d96814752aefaf9908a7650e867dab74af02253ae7d34672abb9c5823
5a  272 bytes  105472 cycles
    #        eosio <= eosio::setprods
{"version":1,"producers":[{"producer_name":"inita","block_sign
ing_key":"EOS6hMjoWRF2L8x9YpeqtUEcsDKA...
```

至此，已经成功完成了一个两个节点的测试侧链。下面使用get info查看各个节点的状态。

第一个节点：

```
cleos get info
```

第二个节点：

```
cleos --url http://localhost:8889 get info
```

7.4 启动支持投票的 EOS 侧链

本节主要介绍如何启动支持投票的 EOS 侧链，官方教程里也叫作“BIOS Boot Sequence”，指从一个 genesis 单节点转换成由投票产生的多节点 EOS 侧链。

EOS 源代码目录 tutorials/bios-boot-tutorial 提供了 bios-boot-tutorial.py 脚本，该脚本可以自动完成整个启动过程：

```
cd tutorials/bios-boot-tutorial
./bios-boot-tutorial.py -a    # to execute all options except
replace system and transfer tokens, use -h for help
```

命令的输出结果可以在./output.log 文件中查看，每个节点的输出存储在各自的子目录中。

7.4.1 手动执行启动过程

在下面的内容中，我们将手动执行 bios-boot-tutorial.py 脚本自动完成的步骤，通过分拆每一个过程，了解整个启动过程的细节。与脚本不同的地方是，手动过程中我们不会像脚本中那样生成 3000 多个账户。

7.4.2 配置初始启动节点

我们会启动一组 nodeos 进程，它们互相连接组成区块链网络。需要给每一个 nodeos 创建单独的 config 文件和数据目录，命令如下：

```
$ mkdir ~/eosio_test
$ for (( i = 1; i <= 5; i++ )); do for (( j = 1 ; j <=5 ; j++ ));
do mkdir ~/eosio_test/accountnum$i$j; done; done
```

之后在启动 nodeos 命令时使用--config-dir 和--data-dir 指定这两个参数。

7.4.3 IP 地址准备和 P2P 连接

我们使用 accountnum11~accountnum55 命名这些节点，对应地使用 9011~9055 命名节点接口，这样就可以在 config.ini 文件中配置它们互相通过 P2P 访问：

```
p2p-peer-address = localhost:9011
p2p-peer-address = localhost:9013
p2p-peer-address = localhost:9014
...
```

这些 config.ini 文件放在节点各自的目录~/eosio_test/accountnumXY 中。

7.4.4 启动 genesis 节点

genesis 节点是网络的第一个 nodeos 节点，所有其他节点都源自 genesis 节点。

需要通过 keosd 创建钱包：

```
$ cleos wallet create
```

保存密码并解锁该钱包。

然后对 genesis.json 文件进行配置。genesis.json 文件定义了初始的链状态，所以所有的同步节点需要从同一个状态启动。

其中有两个属性比较重要：

- initial_timestamp——代表了区块链的启动时间。
- initial_key——用于启动 genesis 节点，这里的配置需要与启动 genesis 节点的公钥一致。

7.4.5　为 eosio 账户创建密钥

执行下面的命令生成新的密钥对：

```
$ cleos create key
Private key:
5JGxnezvp3N4V1NxBo8LPBvCrdR85bZqZUFvBZ8ACrbRC3ZWNYv
Public key:
EOS8VJybqtm41PMmXL1QUUDSfCrs9umYN4U1ZNa34JhPZ9mU5r2Cm
```

然后用该密钥启动 genesis 节点：

```
$ nodeos -e -p eosio --private-key
'[ "EOS8VJybqtm41PMmXL1QUUDSfCrs9umYN4U1ZNa34JhPZ9mU5r2Cm","5J
Gxnezvp3N4V1NxBo8LPBvCrdR85bZqZUFvBZ8ACrbRC3ZWNYv" ]' --plugin
eosio::producer_plugin --plugin eosio::chain_api_plugin
--plugin eosio::http_plugin --plugin eosio::history_api_plugin
```

7.4.6　创建重要的系统账户

以下是 EOS 系统重要的系统账户：

```
eosio.bpay
eosio.msig
eosio.names
eosio.ram
eosio.ramfee
eosio.saving
eosio.stake
eosio.token
eosio.vpay
```

使用下面的命令创建 eosio.bpay 账户，注意要用实际生成的密钥对替换掉案例中的密钥对。在这个例子中，Owner 和 Active 用的是一个密钥，最佳实践是分开使用不同的密钥。其他账户的创建过程类似，此处不展开。命令如下：

```
$ cleos create key # for eosio.bpay
Private key:
5KAVVPzPZnbAx8dHz6UWVPFDVFtU1P5ncUzwHGQFuTxnEbdHJL4
Public key:
EOS84BLRbGbFahNJEpnnJHYCoW9QPbQEk2iHsHGGS6qcVUq9HhutG
$ cleos wallet import
5KAVVPzPZnbAx8dHz6UWVPFDVFtU1P5ncUzwHGQFuTxnEbdHJL4
imported private key for:
EOS84BLRbGbFahNJEpnnJHYCoW9QPbQEk2iHsHGGS6qcVUq9HhutG
$ cleos create account eosio eosio.bpay
EOS84BLRbGbFahNJEpnnJHYCoW9QPbQEk2iHsHGGS6qcVUq9HhutG
executed transaction:
ca68bb3e931898cdd3c72d6efe373ce26e6845fc486b42bc5d185643ea7a90
b1  200 bytes  280 us
#       eosio <= eosio::newaccount
{"creator":"eosio","name":"eosio.bpay","owner":{"threshold":1,
"keys":[{"key":"EOS84BLRbGbFahNJEpnnJH...
```

7.4.7 部署 eosio.token 智能合约

eosio.token 智能合约是 Token 的系统合约，提供创建、发行、转账和查询 Token 的功能。

在执行部署等命令前，注意需要先切换到你的 eos 安装目录：

```
$ cleos set contract eosio.token
~/Documents/eos/build/contracts/eosio.token
  Reading WAST/WASM from
/Users/tutorial/Documents/eos/build/contracts/eosio.token/eosi
o.token.wasm...
  Using already assembled WASM...
  Publishing contract...
  executed transaction:
17fa4e06ed0b2f52cadae2cd61dee8fb3d89d3e46d5b133333816a04d23ba9
91  8024 bytes  974 us
  #         eosio <= eosio::setcode
{"account":"eosio.token","vmtype":0,"vmversion":0,"code":"0061
736d01000000017f1560037f7e7f0060057f7e...
  #         eosio <= eosio::setabi
{"account":"eosio.token","abi":{"types":[],"structs":[{"name":
"transfer","base":"","fields":[{"name"...
```

7.4.8 部署 eosio.msig 智能合约

eosio.msig 智能合约的作用是实现多重签名和权限管理。执行下面的命令部署 eosio.msig 智能合约：

```
$ cleos set contract eosio.msig
~/Documents/eos/build/contracts/eosio.msig
  Reading WAST/WASM from
/Users/tutorial/Documents/eos/build/contracts/eosio.msig/eosio
.msig.wasm...
  Using already assembled WASM...
  Publishing contract...
  executed transaction:
007507ad01de884377009d7dcf409bc41634e38da2feb6a117ceced8554a75
bc  8840 bytes  925 us
  #         eosio <= eosio::setcode
```

```
{"account":"eosio.msig","vmtype":0,"vmversion":0,"code":"00617
36d0100000001980117600 17f0060047f7e7e7...
   #        eosio <= eosio::setabi
{"account":"eosio.msig","abi":{"types":[{"new_type_name":"acco
unt_name","type":"name"}],"structs":[{...
```

7.4.9 创建 SYS Token

SYS 是当前区块链基础 Token 的一个代号，它可以叫 EOS，也可以修改成任何一个你需要的名字。在这里我们定义它的初始发行量和 EOS 代币一样为 10 亿个：

```
   $ cleos push action eosio.token create '[ "eosio",
"10000000000.0000 SYS" ]' -p eosio.token
   executed transaction:
0440461e0d8816b4a8fd9d47c1a6a53536d3c7af54abf53eace884f0084296
97  120 bytes  326 us
   #   eosio.token <= eosio.token::create
{"issuer":"eosio","maximum_supply":"10000000000.0000 SYS"}
   $ cleos push action eosio.token issue '[ "eosio",
"1000000000.0000 SYS", "memo" ]' -p eosio
   executed transaction:
a53961a566c1faa95531efb422cd952611b17d728edac833c9a55582425f98
ed  128 bytes  432 us
   #   eosio.token <= eosio.token::issue
{"to":"eosio","quantity":"1000000000.0000 SYS","memo":"memo"}
```

第一个 create 命令定义了 Token 的名字和发行量，但此时 Token 还处于未流通的状态。

第二个 issue 命令将 10 亿个 SYS Token 切换到流通状态。因为 eosio 是 SYS 的创建者，所以这个 Action 需要 eosio 的授权。

7.4.10 部署 eosio.system 智能合约

在部署 eosio.system 智能合约前，所有 Action 都是与账户无关的。在 eosio.system 启动后，EOS 的资源消耗系统就启动了，所有操作都会需要 CPU、网络和内存资源。比如，创建账户就需要消耗资源。该合约提供了抵押和赎回、资源买卖、投票等操作函数：

```
   $ cleos set contract eosio
~/Documents/eos/build/contracts/eosio.system
   Reading WAST/WASM from
/Users/tutorial/Documents/eos/build/contracts/eosio.system/eos
io.system.wasm...
   Using already assembled WASM...
   Publishing contract...
   executed transaction:
2150ed87e4564cd3fe98ccdea841dc9ff67351f9315b6384084e8572a35887
cc  39968 bytes  4395 us
   #         eosio <= eosio::setcode
{"account":"eosio","vmtype":0,"vmversion":0,"code":"0061736d01
00000001be023060027f7e0060067f7e7e7f7f...
   #         eosio <= eosio::setabi
{"account":"eosio","abi":{"types":[],"structs":[{"name":"buyra
mbytes","base":"","fields":[{"name":"p...
```

7.4.11 切换到多节点

到目前为止，只有 eosio 可以出块。接下来需要配置多个节点出块，其中 2/3 + 1 的节点完成区块确认，即表示出块成功。出块节点通过投票产生，并可以随时变化。这些规则通过 eosio.prods 账户执行，这个账户代表了出块节点小组，其权限通过多重签名，由出块节点账户共同控制。

在部署完 eosio.system 智能合约后，应该尽快将 eosio.msig 智能合约账户变为 eosio 授权账户，使得它能够代替 eosio 账户进行授权，并使 eosio“退休”，其权限由 eosio.prods 接替（这意味着用 21 个超级节点的集体授权来获得超级权限）。

将 eosio.msig 智能合约账户变为 eosio 授权账户的命令如下：

```
$ push action eosio setpriv '["eosio.msig", 1]' -p eosio@active
```

7.4.12 抵押 Token 和拓展网络

目前我们有一个单主机、单节点，并完成了以下智能合约的部署：

- eosio.token
- eosio.msig
- eosio.system

接下来我们完成账户的 Token 抵押设置，其目的是希望在链开始运行时，Token 处于抵押状态，从而可以进行投票操作，并通过投票选出超级节点，真正完成链的启动。

官方建议的抵押流程如下。

（1）抵押 0.1 Token 在内存上。

（2）各抵押 0.45 Token 在 CPU 和网络上。

（3）然后保留最多 9 Token 作为流动的 Token。

（4）如果还有剩余 Token，按照 50/50 的比例分别抵押在 CPU 和网络上。

例 1，如果账户 1 有 100 SYS，那么经过该流程会有 0.1000 SYS 用于抵押内存，45.4500 SYS 用于抵押 CPU，45.4500 SYS 用于抵押网络，而 9 SYS 用于流动使用。

例 2，如果账户 2 有 5 SYS，那么经过该流程会有 0.1000 SYS 用于抵押内存，0.4500 SYS 用于抵押 CPU，0.4500 SYS 用于抵押网络，而 4 SYS 用于流动使用。

7.4.13 创建抵押账户

以下步骤是创建并完成一个账户抵押的操作，其他账户以此类推：

```
    $ cleos create key  # for accountnum11
    Private key:
5K7EYY3j1YY14TSFVfqgtbWbrw3FA8BUUnSyFGgwHi8Uy61wU1o
    Public key:
EOS8mUftJXepGzdQ2TaCduNuSPAfXJHf22uex4u41ab1EVv9EAhWt
    $ cleos wallet import
5K7EYY3j1YY14TSFVfqgtbWbrw3FA8BUUnSyFGgwHi8Uy61wU1o
    imported private key for:
EOS8mUftJXepGzdQ2TaCduNuSPAfXJHf22uex4u41ab1EVv9EAhWt
    $ cleos system newaccount eosio --transfer accountnum11
EOS8mUftJXepGzdQ2TaCduNuSPAfXJHf22uex4u41ab1EVv9EAhWt
--stake-net "100000.0000 SYS" --stake-cpu "100000.0000 SYS"
    775292ms thread-0   main.cpp:419
create_action          ] result:
{"binargs":"0000000000ea30551082d4334f4d113200200000"} arg:
{"code":"eosio","action":"buyrambytes","args":{"payer":"eosio"
,"receiver":"accountnum11","bytes":8192}}
    775295ms thread-0   main.cpp:419
create_action          ] result:
{"binargs":"0000000000ea30551082d4334f4d113200ca9a3b0000000004
535953000000000ca9a3b00000000045359530000000001"} arg:
{"code":"eosio","action":"delegatebw","args":{"from":"eosio","
receiver":"accountnum11","stake_net_quantity":"100000.0000
SYS","stake_cpu_quantity":"100000.0000 SYS","transfer":true}}
    executed transaction:
```

```
fb47254c316e736a26873cce1290cdafff07718f04335ea4faa4cb2e58c998
2a  336 bytes  1799 us
   #         eosio <= eosio::newaccount
{"creator":"eosio","name":"accountnum11","owner":{"threshold":
1,"keys":[{"key":"EOS8mUftJXepGzdQ2TaC...
   #         eosio <= eosio::buyrambytes
{"payer":"eosio","receiver":"accountnum11","bytes":8192}
   #         eosio <= eosio::delegatebw
{"from":"eosio","receiver":"accountnum11","stake_net_quantity"
:"100000.0000 SYS","stake_cpu_quantity...
```

7.4.14 注册出块节点

以下命令将一个账户注册为出块节点，最终节点是否能够出块取决于投票结果：

```
   $ cleos system regproducer accountnum11
EOS8mUftJXepGzdQ2TaCduNuSPAfXJHf22uex4u41ab1EVv9EAhWt
https://accountnum11.com/EOS8mUftJXepGzdQ2TaCduNuSPAfXJHf22uex
4u41ab1EVv9EAhWt
   1487984ms thread-0   main.cpp:419
create_action        ] result:
{"binargs":"1082d4334f4d11320003fedd01e019c7e91cb07c724c614bbf
644a36eff83a861b36723f29ec81dc9bdb4e68747470733a2f2f6163636f75
6e746e756d31312e636f6d2f454f53386d5566744a586570477a6451325461
4364754e7553504166584a48663232756578347534316162314556763945416
857740000"} arg:
{"code":"eosio","action":"regproducer","args":{"producer":"acc
ountnum11","producer_key":"EOS8mUftJXepGzdQ2TaCduNuSPAfXJHf22u
ex4u41ab1EVv9EAhWt","url":"https://accountnum11.com/EOS8mUftJX
epGzdQ2TaCduNuSPAfXJHf22uex4u41ab1EVv9EAhWt","location":0}}
   executed transaction:
4ebe9258bdf1d9ac8ad3821f6fcdc730823810a345c18509ac41f7ef9b278e
0c  216 bytes  896 us
   #         eosio <= eosio::regproducer
{"producer":"accountnum11","producer_key":"EOS8mUftJXepGzdQ2Ta
CduNuSPAfXJHf22uex4u41ab1EVv9EAhWt","u...
```

以下命令列出当前所有已注册的节点：

```
    $ cleos system listproducers
    Producer   Producer key   Url   Scaled votes
    accountnum11
EOS8mUftJXepGzdQ2TaCduNuSPAfXJHf22uex4u41ab1EVv9EAhWt
https://accountnum11.com/EOS8mUftJXepGzdQ2TaCduNuSPAfXJHf22
0.0000
    accountnum22
EOS5kgeCLuQo8MMLnkZfqcBA3GRFgQsPyDddHWmXceRLjRX8LJRaH
https://accountnum22.com/EOS5kgeCLuQo8MMLnkZfqcBA3GRFgQsPyD
0.0000
    accountnum33
EOS63CnoyfeEQDjXXxwywN5PPKW7RYHC9tbtmvb8vFBGZooktz7kG
https://accountnum33.com/EOS63CnoyfeEQDjXXxwywN5PPKW7RYHC9t
0.0000
    accountnum44
EOS6kBaCHrvz7VdUfFBLrLdhNjXYaKBmRkpDXU9PhbEUiHbspr7rz
https://accountnum44.com/EOS6kBaCHrvz7VdUfFBLrLdhNjXYaKBmRk
0.0000
```

以下命令启动一个节点：

```
    $ nodeos --genesis-json
~/eosio_test/accountnum11/genesis.json --block-log-dir
~/eosio_test/accountnum11/blocks --config-dir
~/eosio_test/accountnum11/ --data-dir
~/eosio_test/accountnum11/ --http-server-address 127.0.0.1:8011
--p2p-listen-endpoint 127.0.0.1:9011 --enable-stale-production
--producer-name accountnum11 --private-key
'[ "EOS8mUftJXepGzdQ2TaCduNuSPAfXJHf22uex4u41ab1EVv9EAhWt","5K
7EYY3j1YY14TSFVfqgtbWbrw3FA8BUUnSyFGgwHi8Uy61wU1o" ]' --plugin
eosio::producer_plugin --plugin eosio::chain_api_plugin
--plugin eosio::http_plugin --plugin eosio::history_api_plugin
--p2p-peer-address localhost:9022  --p2p-peer-address
localhost:9033  --p2p-peer-address localhost:9044
```

在所有节点完成启动前，可能会报一些连接错误：

```
   1826099ms thread-0   net_plugin.cpp:2927
plugin_startup       ] starting listener, max clients is 25
   1826099ms thread-0   net_plugin.cpp:676
connection            ] created connection to localhost:9022
   1826099ms thread-0   net_plugin.cpp:1948
connect              ] host: localhost port: 9022
   1826099ms thread-0   net_plugin.cpp:676
connection            ] created connection to localhost:9033
   1826099ms thread-0   net_plugin.cpp:1948
connect              ] host: localhost port: 9033
   1826099ms thread-0   net_plugin.cpp:676
connection            ] created connection to localhost:9044
   1826099ms thread-0   net_plugin.cpp:1948
connect              ] host: localhost port: 9044
   1826100ms thread-0   net_plugin.cpp:1989
operator()            ] connection failed to localhost:9022:
Connection refused
   1826100ms thread-0   net_plugin.cpp:1989
operator()            ] connection failed to localhost:9033:
Connection refused
   1826100ms thread-0   net_plugin.cpp:1989
operator()            ] connection failed to localhost:9044:
Connection refused
```

在这个例子中，我们使用的 genesis.json 文件如下，所以节点使用自己目录的 genesis.json 文件，但内容相同。

```
   {
     "initial_timestamp": "2018-03-02T12:00:00.000",
     "initial_key":
"EOS8Znrtgwt8TfpmbVpTKvA2oB8Nqey625CLN8bCN3TEbgx86Dsvr",
     "initial_configuration": {
       "max_block_net_usage": 1048576,
       "target_block_net_usage_pct": 1000,
       "max_transaction_net_usage": 524288,
       "base_per_transaction_net_usage": 12,
       "net_usage_leeway": 500,
       "context_free_discount_net_usage_num": 20,
       "context_free_discount_net_usage_den": 100,
```

```
    "max_block_cpu_usage": 100000,
    "target_block_cpu_usage_pct": 500,
    "max_transaction_cpu_usage": 50000,
    "min_transaction_cpu_usage": 100,
    "max_transaction_lifetime": 3600,
    "deferred_trx_expiration_window": 600,
    "max_transaction_delay": 3888000,
    "max_inline_action_size": 4096,
    "max_inline_action_depth": 4,
    "max_authority_depth": 6,
    "max_generated_transaction_count": 16
  },
  "initial_chain_id":
"0000000000000000000000000000000000000000000000000000000000000000"
}
```

下面的命令可以进行节点投票：

```
$ cleos system voteproducer prods accountnum23 accountnum11
accountnum33
```

在抵押的 Token 总数超过总量 15%后，节点可以开始认领出块奖励，命令如下：

```
$ cleos system claimrewards accountnum33
```

7.4.15　eosio 撤销权限

当节点完成了选举并开始稳定出块时，eosio 账户的权限就可以被撤销了。下面的命令用于清除 eosio.*账户的 Owner 和 Active 密钥：

```
$ cleos push action eosio updateauth '{"account": "eosio",
"permission": "owner", "parent": "", "auth": {"threshold": 1,
"keys": [], "waits": [], "accounts": [{"weight": 1, "permission":
{"actor": "eosio.prods", "permission": "active"}}]}}' -p
eosio@owner
```

```
$ cleos push action eosio updateauth '{"account": "eosio",
"permission": "active", "parent": "owner", "auth": {"threshold":
1, "keys": [], "waits": [], "accounts": [{"weight": 1,
"permission": {"actor": "eosio.prods", "permission":
"active"}}]}}' -p eosio@active
```

至此，我们成功完成了一个支持投票的 EOS 侧链的启动过程。

7.5 总结

本章我们了解了主链、侧链、子链的定义和关系，并启动了两种侧链，第一种由创始节点指定后续出块节点，第二种通过注册并投票选举出块节点。侧链生态应该会成为 EOS 扩容的一个比较重要的组成部分，在了解侧链启动过程的同时，其实我们也了解了 EOS 社区启动的全过程。